Conversion Improvement

あの繁盛サイトも「LPO」で稼いでる!

LPO×ターゲティングで
購入ボタンを10倍クリックさせるすごい仕掛け

川島康平
Kouhei Kawashima

同文舘出版

佐藤大輔にデジタル一眼レフを購入させた3つの仕掛け

「20％ポイント還元！　デジタル一眼レフを買うなら今がチャンス！」

大手ポータルサイトYを訪れた佐藤大輔の視線は、無意識にそのバナー広告へと向かった。昨夜、2時過ぎまでネットで調べていたデジタル一眼レフが安く買えるかもしれないという期待から、赤、青、黄色……派手な色使いの画像にマウスカーソルを合わせた。

リンク先は、全国に100店舗以上展開するカメラ屋さんのホームページ。トップページの上部には、デジタル一眼レフの販促キャンペーンを紹介した、巨大なバナーが目立っている。

佐藤大輔は、迷うことなくその画像をクリックし、デジタル一眼レフの「商品紹介」ページへと移動した。

「これこれ、これが欲しかったんだ。本体とレンズのセットで15万8000円か。カカクドットコムで探せば、もっと安い店はありそうだけど、ポイント20%はデカいな……」

買う気満々だったが、社会人2年目に無理して買った愛車以来、久しぶりの大きな買い物ということもあり、自分の手で直に触ってから購入したいという気持ちもあった。

運よく明日は土曜日。彼女いない暦2年になる佐藤は、特に用事もないので、近くの店舗に足を運ぶことにした。

ホームページの横一列に並ぶメインメニューから、「店舗案内」のページを開くと、一番上には彼の住む福岡県の店舗一覧が表示されていた。

「おっ、小倉北店だって。こんな近くにあったなんて知らなかったなぁ」

翌日、佐藤大輔は念願のデジタル一眼レフ「EOZ 7D」を手に入れた。

……一見、彼の行動プロセスはすごく単純に見えます。

①ポータルサイトのバナー広告をクリックして、カメラ屋のホームページに移動
②キャンペーンのバナー画像をクリックして、デジタル一眼レフの「商品紹介」に移動
③「店舗案内」で最寄りの店舗を確認

しかし、「彼がその広告を目にしたことも、商品紹介へたどり着いたことも、最寄りの店舗を素早く探し出せたことも、偶然ではなく必然だった」といったら……。「彼の行動プロセスは、全てカメラ屋の思惑通りだった」といったら……あなたは信じますか？

もし、それが事実だとしたら、一体、何が起こったというのでしょうか。この繁盛サイトの裏側に、どんな「仕掛け」があるのでしょうか。

● **LPO**
● **ターゲティング**

本書ではこの2つのキーワードが、謎を解く鍵となります。

佐藤大輔の行動プロセスに隠された3つの仕掛けとは？

1 ポータルサイトのバナー広告をクリック

⇨ P.64

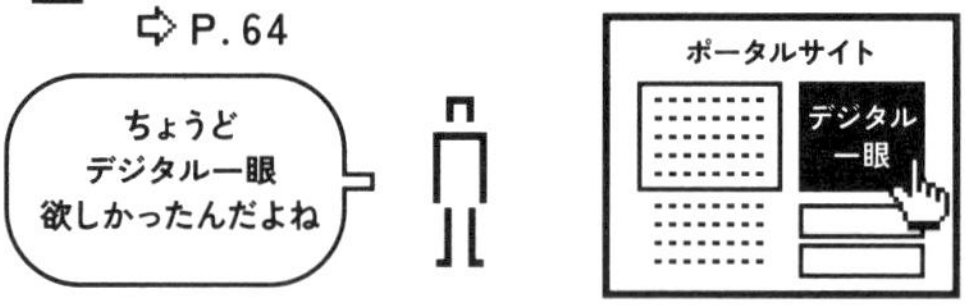
ちょうど
デジタル一眼
欲しかったんだよね
ポータルサイト
デジタル一眼

2 キャンペーンのバナー画像をクリック

⇨ P.37

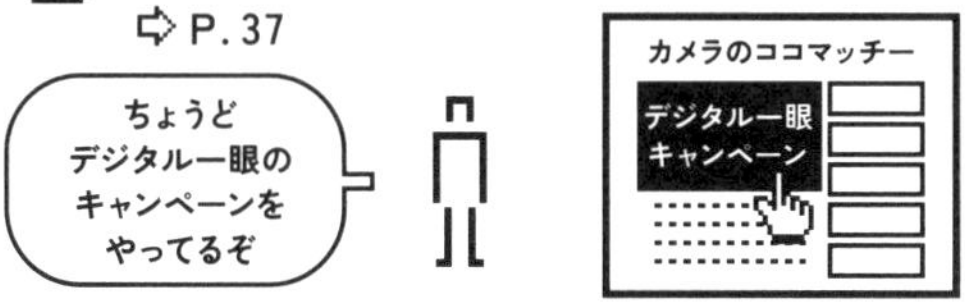
ちょうど
デジタル一眼の
キャンペーンを
やってるぞ
カメラのココマッチー
デジタル一眼
キャンペーン

3 「店舗案内」で最寄りの店舗を確認

⇨ P.129

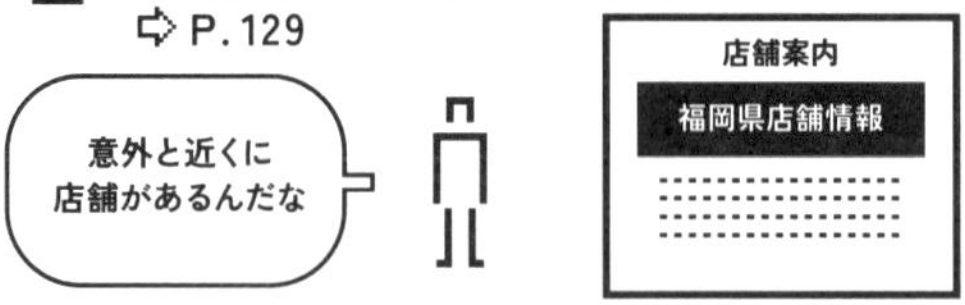
意外と近くに
店舗があるんだな
店舗案内
福岡県店舗情報

「LPO × ターゲティング ＝
購入ボタンを10倍クリックさせるすごい仕掛け」
がキーワード！

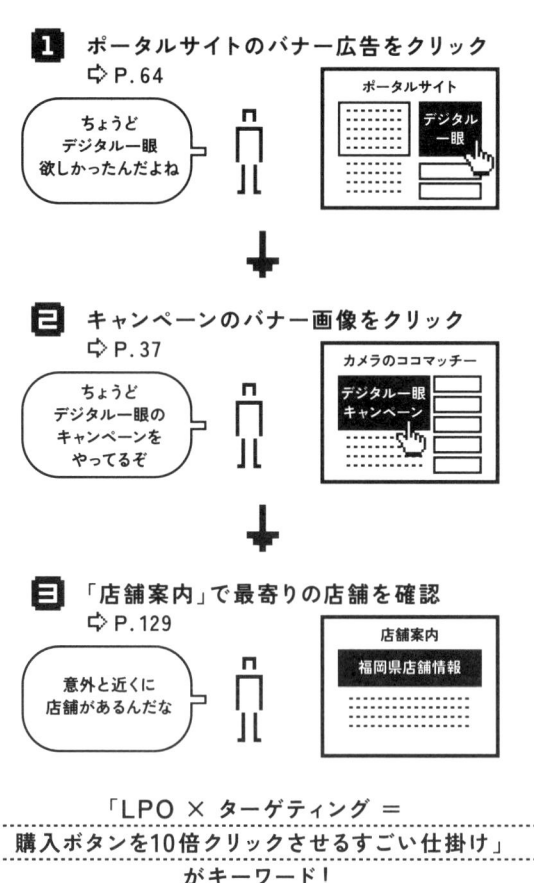

あなたの知らないところで、ウェブマーケティングの世界は着実に進化しています。

「SEO対策やリスティング広告で集めたアクセスを、効率よく売上に変える仕掛け」を導入した繁盛サイトは確かに増えているのです。

本書で明かされる、「佐藤大輔をこのカメラ屋で購入するに至らせた3つの手法」を知ることで、あなたの価値観は一変します。ホームページでモノを売るという行為に対する、パラダイムシフトが起こることになります。

それだけのインパクトを持った、「消費者との心理戦」、「理詰めのテクニック」の時代は、もう始まっているのです。

あなたは、**購入ボタンを10倍クリックさせるすごい仕掛け**を知りたくはありませんか？

CONTENTS

PART 2

本命は
行動ターゲティング

PART 3

興味も悩みも「検索キーワード」が知っている

PART 4

ところ変われば
エリアターゲティング

PART 5

本当にある、信じられないLPO&TOOLS

PART 6

LPOの原点回帰で、繁盛サイトを目指しなさい

PART 7

まだまだ進化するLPO

カバー・本文DTP
高橋明香（おかっぱ製作所）

PART 1

LPOの基礎の基礎

そもそも、ＬＰＯって何ですか？

ＬＰＯが広く普及しなかったワケ

本書のメインテーマとなる「ＬＰＯ」を私なりに定義するなら、**「売上につながるアクションを起こす確率＝コンバージョン率（ＣＶＲ）を劇的に上げるためのマーケティング手法」**となります。もっとシンプルに、「ホームページ繁盛術」と捉えていただいてもＯＫです。

はじめて聞いた方もいると思いますが、ＬＰＯとは**ランディングページ最適化（Landing Page Optimization）**の略称です。最後の「オプティマイゼーション（最適化）」は、すっかりお馴染みになったＳＥＯ（Search Engine Optimization）対策の「Ｏ」と同じで、「ＬＰＯ対策」と呼ばれることもあります。

ＬＰＯという用語自体は、もう何年も前からあるもので、本来の意味は「訪問者が最初に到達するページ（ランディングページ）を最適化することで、目的となるページへ誘導すること」となります。

最適化という曖昧な言葉のせいで、脳内に「?」マークが飛んでしまいそうですが、まずはランディングページで訪問者に食いついてもらい、売上アップしちゃいましょう、というわけです。

どんなに素晴らしい商品を売っていても、最高のサービスを提供していたとしても、トップページだけ見て帰ってしまわれるようでは、それを伝えることはできません。訪問者がもっと他のページやコンテンツを見たくなるよう、ランディングページを最適化することで、はじめて売上アップが成し得るのです。玄関が汚ければ、店に入る気すら失せてしまうということです。

ところが、LPOという用語はSEOのように、広く知られているわけではありません。それは、2つの用語の月間検索数（検索サイトで1カ月に検索される回数）や関連書籍の数を見ても明らかです。

Googleのキーワードプランナー（https://adwords.google.co.jp/KeywordPlanner）では、SEOの月間検索数「100万回」に対して、LPO「3万3000回」と、30倍以上の差が確認できます（2010年6月調べ）。

「Yahoo!やGoogleの検索結果に上位表示させる」という、わかりやすい目標を持ったSEOとは違い、LPOは目標設定や成果の確認がユーザー個々に委ねられているのが原因の1つです。

具体的に「何をどうすればいいか?」がわかりにくいのも原因のようです。SEOには、「titleタグ内でキーワードを使う」、「被リンク数を増やす」、「Yahoo!ディレクトリへ登録する」といったわかりやすい対策が何十項目もあります。ウェブマーケティングのプロでなくても、基本的な内容を知っている人はたくさんいます。

一方、LPOは、最適化という曖昧な印象を拭うだけの「コレとコレをやりましょう!」、「これなら儲かる!」、「こうすれば無問題!」という起爆剤となる策が、用語とセットで語られることがあまりなかったのです。

語られたとしても、「アクセス解析の結果をメニューに反映させましょう」、「リスティング広告を出稿した検索キーワードとランディングページを最適化しましょう」のような漠然とした施策では、広く普及するわけはありません。

今の世の中、誰でも簡単に実践でき、成果がはっきり見える手法が、多数に受け入れられるのですから。

ところが、ITリテラシーの高い企業を中心に、**俄然LPOが注目されるように**

なってきました。

先ほど、LPOの月間検索数は「3万3000回」と書きましたが、実は、つい1年前までは10分の1以下。わずか3000にも満たない、ベリーベリースモールなキーワードだったのです。

検索数が爆発的に伸びている背景には、もちろん確固とした理由があります。

SEOの次は、LPOなんです。

ウェブマーケティングは「検索」というプロセスがカギ

ウェブマーケティングを3つのフェーズに分けると、「**アクセス**」、「**コンバージョン**」、「**フォロー**」となります。

「**アクセス**」は、SEO対策や広告出稿によるアクセス数の増加、キーワードや広告媒体の選定によりアクセスの質の向上を図る段階。

「**コンバージョン**」は、ホームページ内部の改善によりコンバージョン数やコンバージョン率（CVR）を上げる段階。LPOもここに含まれます。

「**フォロー**」は、直接的な売上やリピーターを増やすためのメールマーケティング、資料請求先へのテレマーケティング等を行なう段階です。

中でも、SEO対策はウェブマーケティングを語る上で欠かせない要素です。

「検索文化」などと呼ばれるように、インターネットユーザーの多くは検索から行動を開始します。人から聞いて興味を持った言葉、テレビCMで気になった商品名を検索した経験、あなたにもあるはずです。

アメリカでは、人気のSNS「FaceBook」（フェイスブック）がGoogleのアクセス数を抜きました。便利なアプリケーションを追加することで、さまざまな行動をここから始める人が増えているようですが、検索という文化が完全に定着していることに変わりはありません。

マーケティングを少しでもかじったことがあれば、「AIDMA（アイドマ）」という言葉を聞いたことがあると思います。購入へ至るまでの消費者の心理プロセスを示した略語です。

「Attention（注意）」、「Interest（関心）」、「Desire（欲求）」、「Memory（記憶）」、「Action（行動）」の5つのプロセスそれぞれに策を取り入れ、売上アップを狙うわけですが、これは1920年代に提唱されたもの。

インターネットが普及した今では、大手広告代理店の電通が提唱する「**AISAS（アイサス）**」という定義を用いることが増えてきました。

AISASは、**「Attention（注意）」**、**「Interest（関心）」**、**「Search（検索）」**、**「Action（行動）」**、**「Share（共有）」**といったプロセスを示します。

入れ替わった新しいプロセスは、「**検索**」と「**共有**」の2つです。

インターネット時代になり、お客様の購入プロセスも変わった

ATTENTION	［注意］	広告により注意を引かれる
INTEREST	［関心］	商品に関心を持つ
DESIRE	［欲求］	商品を欲しいと思う
MEMORY	［記憶］	商品を覚える
ACTION	［行動］	購入する

↓

ATTENTION	［注意］	広告により注意を引かれる
INTEREST	［関心］	商品に関心を持つ
SEARCH	［検索］	検索サイトで調べる
ACTION	［行動］	ホームページで購入する
SHARE	［共有］	パーソナルメディアで情報発信する

あえて書くまでもありませんが、「検索」はインターネットで商品の詳細や価格情報等を調べること。「共有」は、ブログやSNS、Twitter（ツイッター）のような、個人でも手軽に情報発信できるメディアで感想をシェアすること。口コミサイトへの書き込みも、これに当てはまります。

この検索文化が続く限り、SEO対策の必要性、そしてSEO対策ビジネスの需要は高値安定だと誰もが思っていました。思っていたのですが……ここ数年で少しずつ風向きが変わってきました。

コンバージョンにつながらなければ儲からない

要因の1つは、SEO対策にかかるコストの上昇です。

実力、実績ともに十分なSEO業者に依頼するなら、年間予算はどんなに低く見積もっても100万円はかかります。月間検索数の多いビッグキーワードやコンバージョンに直結する繁盛キーワードとなると、さらにコストは上昇します。同時に、2単語以上で構成される複合キーワードの対策も依頼するのが基本ですから、予算の少ない小さな会社がそうそう依頼できるものではありません。

成果報酬型を名乗るＳＥＯ業者の中には、ろくに対策も行なわず、たまたま順位が上がったホームページから報酬を得ている会社があるとも聞きます。

ここでちょっと考えてみてください。多額の予算をＳＥＯ対策にかけ、上位表示に成功。アクセス数は増えたのに、**ホームページのＣＶＲが０・０５％しかなかったらどうでしょうか？**

月間アクセス数が10万ＵＵ（ユニークユーザー）まで増えたにもかかわらず、アクションを起こしてくれる人はわずか50名。商品の単価や利益率にもよりますが、手放しで喜べる人数ではないでしょう。

ちなみに、ここで出した０・０５％という数値は、例外的に低い数値ではありません。一見、普通に作り込まれたホームページが、この程度の数値しかないという事例はいくらでもあります。

しかし、同じホームページでＬＰＯ対策を施し、ＣＶＲ１％を達成することは難しくはありません。１％ということは０・０５％の20倍、１０００人が購入する計算になります。

逆に、ＣＶＲが変わらぬまま１０００人に購入してもらうには、２００万という、見上げるようなアクセス数が必要になります。

10万アクセスのホームページを200万にするのと、CVRを0・05%から1%にするのは、どちらが現実的かということです。前者が起こり得るとしたら、突然変異レベルの話になってしまいます。まず、起こり得ないでしょう。

つまり、売上を20倍にするには、間違いなく後者が近道なのです。

SEO対策に少ない予算しか出せない企業は、月間検索数の少ないスモールキーワードで勝負するしか、打つ手がなくなっています。スモールキーワードの中には、ビッグキーワードよりも遙かにコンバージョンに結びつくものが溢れているのも事実ですが、アクセス数だけを見れば差は歴然です。

アクセスの総数=人数の分母が少ないのですから、コンバージョンを上げなくては、鼻から商売になりません。

単純に、SEO対策に飽きてきた、期待が薄くなってきたという面もあります。地味な作業をコツコツ続けたのに、なかなか順位が上がらない。せっかく上がった順位が一夜にして圏外に落ちてしまった。悪徳SEO業者に騙され、何百万円も無駄金を使ってしまった。

このように、事情はそれぞれ違えど、コンバージョンにつながらなければ意味がない、繁盛しないということに気づく企業が増えてきたのです。客は集まるが、売れない店ではしょうがないのですから……。

SEOの次は、LPO。この流れは確実に太く速くなっています。

なぜ、あなたのお客様は逃げてしまうのか？

検索キーワードとコンテンツは一致しているか？

売上アップには、「いかに売るか？」という攻めの視点が欠かせませんが、**「いかに逃がさないか？」**という、守りの視点も大切です。なぜ、ホームページの訪問者は逃げてしまうのか？

通常、訪問者の30～60％以上を占める検索サイト経由の訪問者から、傾向と対策を考えてみましょう。LPOの予備知識として、あなたのモノにしてください。

検索サイト経由の訪問者とは、その名の通り、Yahoo!やGoogleで何かしらのキーワードで調べてきた人々。検索結果に上位表示されたホームページをクリックするケースと、検索キーワードに連動したリスティング広告をクリックするケースがあります。

彼らの特徴は、とにかく直帰率が高いことです。興味あるキーワードを入力し、その検索結果から訪れたのにもかかわらず、2ページ目を見ることなく帰ってしまうのです。

これは、**検索キーワードとホームページのコンテンツに不一致が生じているのが原因**です。

例えば、「お茶　通販」で検索して、表示されたリスティング広告をクリックしてみます。そこは、健康食品全般を扱っているホームページで、たった1種類しか取り扱っていない緑茶の商品紹介ページがリンク先でした。料金と内容量、原材料名に加えて3行の商品紹介。とてもじゃありませんが、CVRが高いわけはありません。残念ながら、0・05％以下でしょう。

たった1種類しか緑茶のラインナップがないなら、リスティング広告なんてかける意味はないといいたいわけではありません。費用のかかるリスティング広告のリンク先として、あまりにもお粗末だといいたいのです。商品数が少ないなら、少ないなりに売り方を工夫しなくてはいけません。

検索キーワードとコンテンツの不一致には、検索する側の問題もあります。

おいしいお茶っ葉を買いたい人が、「おいしいお茶」で検索してしまうと、検索結果には、「おいしいお茶の入れ方」を紹介したホームページがズラッと並びます。これはこれで役立つ情報ですが、検索キーワードを「お茶　通販」にすれば、希望通りの通販サイトが表示されるのです。

マーケティングの主流は個別対応

検索キーワードとコンテンツには、本当に不一致な場合だけではなく、**不一致だと見えてしまう場合もあります。**

例えば、「時計　格安」で検索して出てきた広告をクリックしてみます。広告文面には、「激安特価」という文言が含まれていたのに、いざホームページに行ってみると、「安さ」や「お得感」を訴求するキャッチコピーや文言はどこにも見当たりません。

時計が安く買える通販サイトなんて山ほどあるわけですから、こんな状態では訪問者はすぐに帰ってしまいます。わざわざ、格安の理由を探してくれるお客様はいません。これは、広告文とコンテンツの不一致ともいえます。

「時計　格安」のような複合キーワードの場合、「格安」に位置するキーワード（サブキーワード）は、訪問者の興味や関心、希望をストレートに表わします。「格安」、「安い」、「激安」は価格を気にしている人。「オメガ」、「ブルガリ」、「フランクミューラー」は、ずばりブランド品を探している人。「人気」、「ランキング」、「口コミ」は他人の評価を判断基準にする人。容易に想像できます。

きっと、この通販サイトには何百種類ものキーワードで訪問者が訪れていると思いますが、性格の異なるサブキーワードに一体どれだけ対応できているのでしょうか。

これがリアルの時計屋さんであれば、販売員による接客ができます。来店客の服装から趣味がわかるし、どの時計を見ているかチェックして話しかけることもできます。値引き交渉の個別対応だって即座にできます。

そう考えると、ホームページというものは、どれだけ柔軟性のない販促メディアなんだと思いませんか？　十人十色、百人百色のお客様に対して、ただ同じものを見せているだけなのですから。

マーケティングの主流は、**顧客ターゲットを絞り込む方向、顧客1人1人に合わせた販促を実践する方向**へと向かっています。多くのマーケッターが、やれ「セグメント」だ、「パーソナライズ」だ、「ダイレクトマーケティング」だ、「One to One マーケティング」だと唱えているのです。

「ふじみ野市に住む3歳児の4人に1人が入会しています！」

子供向け学習教材のDMが、地域によるセグメントによって、こんなキャッチコピーで始まる時代です。

「川島康平様、お誕生日おめでとうございます！　誕生月限定のスペシャルメニューのお知らせです！」

私がよく行く街の小さなカレー屋さんですら、ダイレクトマーケティングを学び、パーソナライズ化された、「私だけに宛てたハガキ」を送ってくる時代です。

ホームページは、もっと「賢く」なれないのでしょうか？

その答えも、もちろんＬＰＯに隠されています。

手間ヒマかかる LPO

個別対応できるランディングページ戦略

LPOという用語が普及しない中でも、ITリテラシーの高い企業で流行している手法があります。

それは、「**ランディングページ戦略**」。リスティング広告の費用対効果を飛躍的に改善させるウェブマーケティング手法です。理解してしまえばシンプルな流れなので、ポイントを押さえながら説明していきます。

まず、リスティング広告で出稿しているキーワードをいくつかのカテゴリに分類します。ここでは、通販もやっている胡蝶蘭《こちょうらん》専門店を取り上げてみましょう。

カテゴリ分けのコツは、訪問者の興味や悩み、願望といった視点から決めること。言葉の性格を考えながら、3～7つ程度のカテゴリに分けていきます。

この胡蝶蘭専門店の場合、次の4つのカテゴリに分けてみました。キーワード「胡蝶蘭」の前後につく、サブキーワードです。

●配送重視……通販、配達、宅配
●価格重視……価格、安い、送料
●用途重視……ギフト、祝い、プレゼント
●栽培重視……育て方、手入れ、植え替え

次に、カテゴリごとにランディングページを制作していきます。
なお、ここでのランディングページとは、1ページ完結型のホームページを指します。本来の意味である「訪問者が到達した最初のページ」ではありません。ウェブ業界では、ランディングページという言葉の意味を臨機応変に使い分けているので、ぜひ覚えておいてください。

まずは、キャッチコピーやヘッダー画像（一番目立つ画面上部の画像）で訴求していきます。

カテゴリ分けのコツ

キーワード ＝ 胡蝶蘭

＋

カテゴリ

配送重視	価格重視	用途重視	栽培重視

サブキーワード

配送重視	価格重視	用途重視	栽培重視
「通販」 「配達」 「宅配」	「価格」 「安い」 「送料」	「ギフト」 「祝い」 「プレゼント」	「育て方」 「手入れ」 「植え替え」

ランディングページのキャッチコピーやヘッダー画像

配送重視	価格重視	用途重視	栽培重視
「日本全国翌日配送！梱包のプロがいる胡蝶蘭専門店」	「送料無料！専門店ならではの安心価格が喜ばれています」	「明日のプレゼントにも間に合います！胡蝶蘭のギフト、お祝いのことは専門店にお任せください」	「胡蝶蘭一筋20年！ベテラン店長が胡蝶蘭を自宅で3年育てる7つのポイントをこっそり教えます！」

- 胡蝶蘭の高品質な写真、生産者の顔写真やメッセージ、栽培中の写真、支払方法等の掲載を忘れずに！
- ドメインはそれぞれ違うものを用意するのがベスト。

ランディングページ1	ランディングページ2	ランディングページ3	ランディングページ4

各カテゴリの特性に合ったリスティング広告も忘れずに！

●配送重視……「日本全国翌日配送！　梱包のプロがいる胡蝶蘭専門店」
●価格重視……「送料無料！　専門店ならではの安心価格が喜ばれています」
●用途重視……「明日のプレゼントにも間に合います！　胡蝶蘭のギフト、お祝いのことは専門店にお任せください」
●栽培重視……「胡蝶蘭一筋20年！　ベテラン店長が胡蝶蘭を自宅で3年育てる7つのポイントをこっそり教えます！」

さらに、キャッチコピーに合わせた画像を制作し、4種類のランディングページを完成させます。もちろん、キャッチコピーとヘッダー画像だけではなく、胡蝶蘭の高品質な写真、生産者の顔写真やメッセージ、栽培中の写真、支払方法等の掲載を忘れてはいけません。

ドメインはそれぞれ違うものを用意するのがベストです。1ページ完結型とはいえ、ニッチなキーワードであればSEO対策は十分可能ですし、独自ドメインだからこその信頼も、多少とはいえ得ることができます。ドメインが異なると、リスティング広告の設定は多少面倒になりますが、手間をかけるだけの価値はあります。

レンタルサーバによっては、サブドメインを無料で設定できます。独自ドメインの前に好きな英数字をつけることで、別のホームページとして運用できるので、新たに独自ドメインを取得する手間もコストもかからないのがメリットです。

キーワードをカテゴライズし、ランディングページを制作したら、最後にリスティング広告を見直しましょう。ここで手を抜いては、今までの苦労は水の泡となってしまいます。カテゴリの特性によって広告文面を熟考してください。

CVRアップを実現させるために

……と、ここまでざっくりとランディングページ戦略について説明しましたが、イメージできましたか?

ランディングページとリスティング広告を上手に連動させることで、一般的なホームページよりも高いＣＶＲが期待できます。通常は１％で合格ラインですが、ランディングページであれば、ゴール（商品購入、資料請求等）によっては５％以上の数値を叩き出すことも夢ではありません。

ＣＶＲの高いランディングページの作り方は、191ページの「ランディングページは、こう作りなさい」まで楽しみにお待ちいただくとして、正直なところ、どんな感想を持ちましたか？

恐らく、多くの方がこう思ったはずです。

「手間ヒマかかって、面倒くさい」と。

当たり前の感想です。ランディングページをいくつも作るなんて、外注したらいくらかかるかわかりませんし、リスティング広告の設定や運用だって何倍も手間がかかりそうです。

では、ここで考えてみてください。

ランディングページ戦略では、なぜ、キーワードをカテゴリ分けして、それぞれのランディングページを作るのでしょうか？

検索キーワードに合わせて、キャッチコピーやメインバナーを変えれば、直帰率が下がり、CVRが上がるからですね。正解です。

それだけでCVRを100倍にすることは難しいでしょうが、全ての訪問者に同じものを見せる今までのやり方に比べれば、数値が上がるのは必然です。

では、もう1つ質問です。

●わざわざ、ランディングページを用意しなくてもいい。

●今あるホームページを利用して、同じことができる。

●安価、手軽に実現できる。

これは本当の話でしょうか？　それとも、私のでっち上げでしょうか？

答えはもちろん……前者です。

ここまで、ＬＰＯの基礎をくどいくらいに紹介してきましたが、全てはこれから紹介する「ＬＰＯツール」や「ターゲティング」といったものが、どれだけ便利でどれだけ有効なのかを瞬時に理解していただくための前フリに過ぎません。

次のページから、まだ見ぬ「新・成功法則」の世界へ踏み込んでいきます。心の準備ができたら、ゆっくりとページをめくってください。

全自動LPOの甘い誘惑

ウェブ革命ともいうべきLPOツール

産業革命の時代、工業の形が工場制手工業から工場制機械工業へ進化したように、人は「自動化」を求めてきました。

これは、まだ歴史の浅いウェブマーケティングにも同じことがいえます。**最終的には人の頭脳で勝負する世界ですが、効率を向上させるための自動化は重要**です。

SEO対策には欠かせない「順位チェックツール」（設定した検索キーワードの表示順位等を、日々チェックしてくれるツール）、リスティング広告の「自動入札ツール」（設定した条件で、自動的にリスティング広告の入札価格や出稿等を管理してくれるツール）は、その象徴でしょう。一度使えば、手放せない便利さです。

そして、そのLPO対策バージョンが、自動的にホームページの中身を最適化することのできる、「**LPOツール**」と呼ばれるものです。

このツールを理解するために、ここで、あなたの固定概念を変えていただく必要があります。

結論から先にいいます。

●今どきの繁盛サイトは、見る人によって中身が自動的に切り替わります。

●今どきの繁盛サイトは、さまざまな条件で中身が自動的に変わります。

要するに、まったく同じURL（ホームページのアドレス）なのに、人によって見ている内容が違うのです。この意味と意義はわかりますか？　これは、産業革命ならぬウェブ革命ともいえる進化なのですが……。

ここで、PROLOGUEを少しだけ振り返ってみましょう。デジタル一眼レフを買った佐藤大輔の話です。

ピンときた方もいると思いますが、あのカメラ屋さんのホームページにはLPOツールが仕込まれていたのです。ここで、1つだけ種明かしをします。

トップページのバナー画像。通常は、コンデジ（コンパクトデジカメ＝一般的なデ

繁盛サイトは訪問者によって中身が自動的に切り替わる

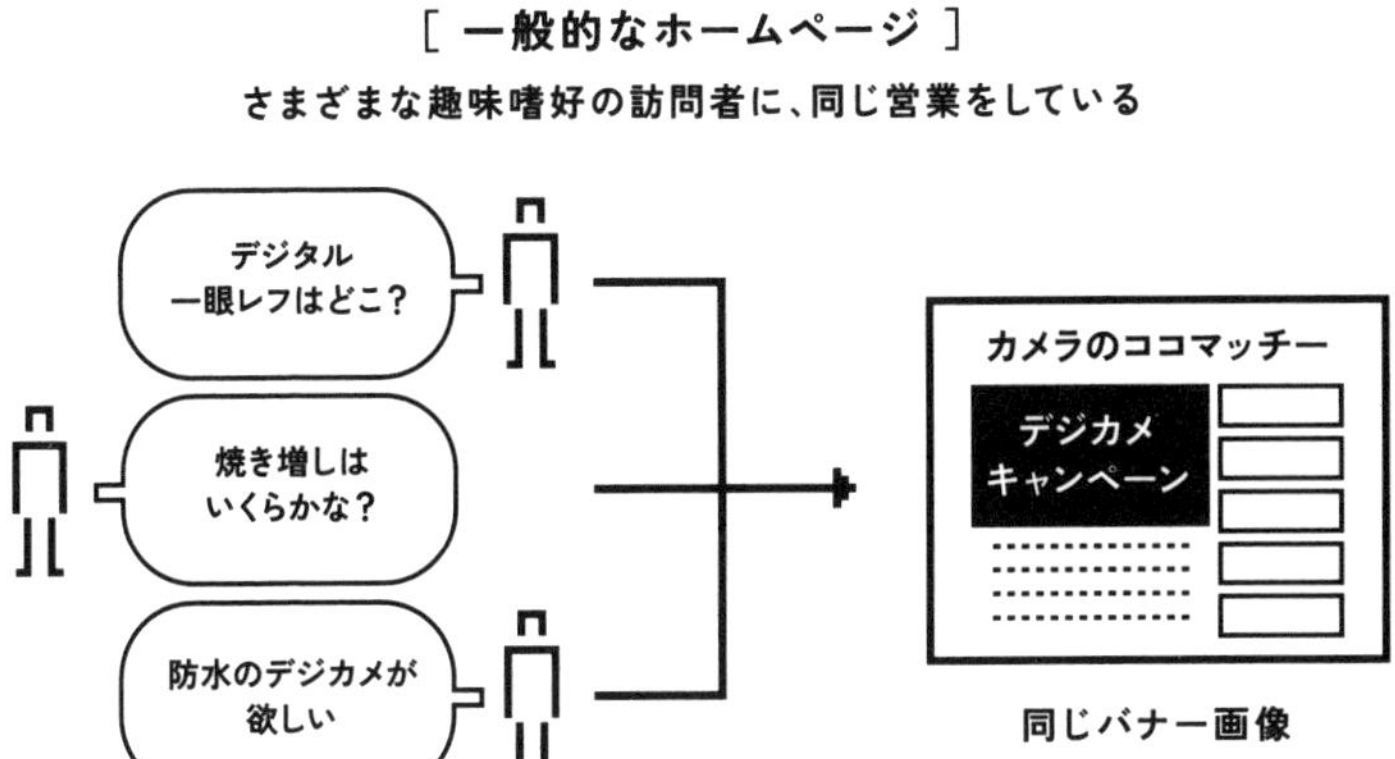
[一般的なホームページ]
さまざまな趣味嗜好の訪問者に、同じ営業をしている
デジタル一眼レフはどこ?
焼き増しはいくらかな?
防水のデジカメが欲しい
カメラのココマッチー
デジカメキャンペーン
同じバナー画像

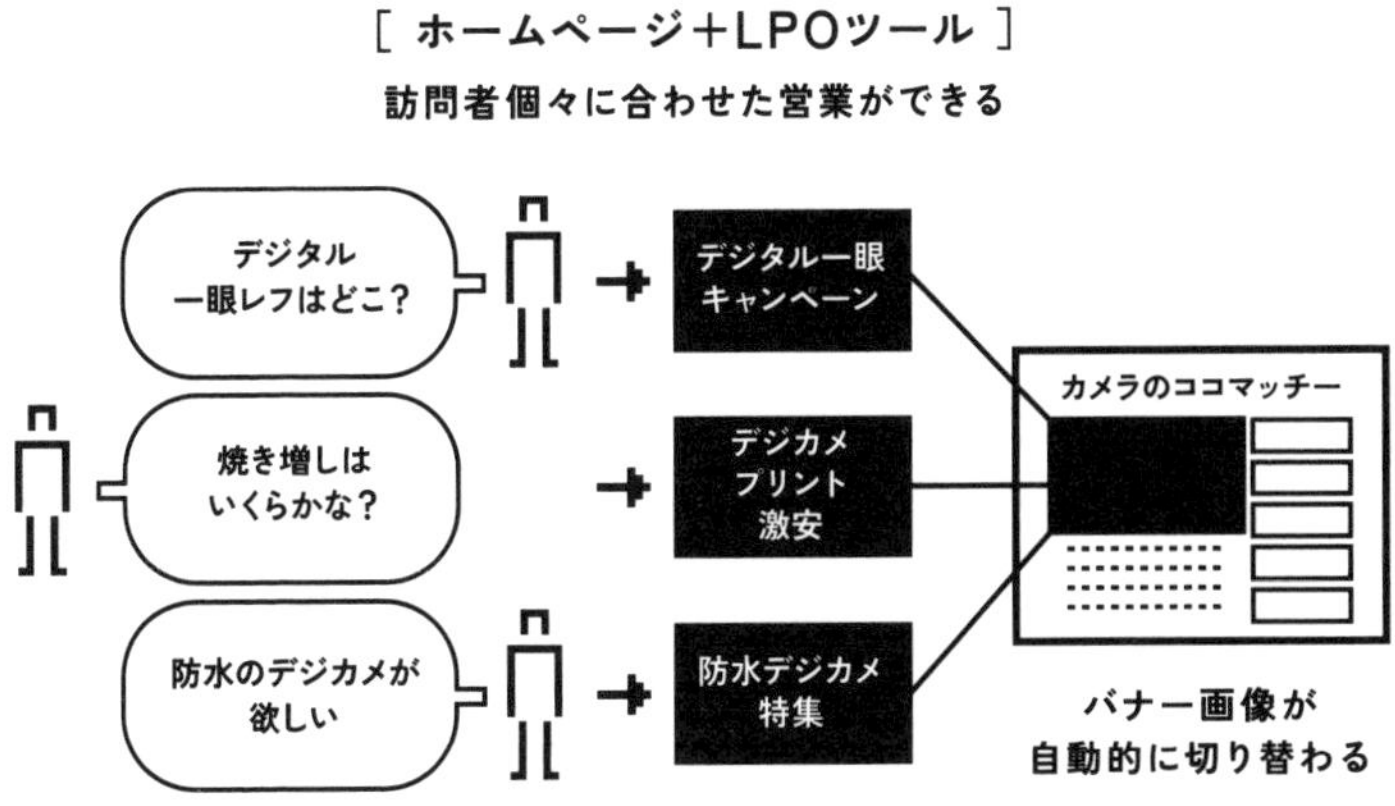
[ホームページ+LPOツール]
訪問者個々に合わせた営業ができる
デジタル一眼レフはどこ?
焼き増しはいくらかな?
防水のデジカメが欲しい
デジタル一眼キャンペーン
デジカメプリント激安
防水デジカメ特集
カメラのココマッチー
バナー画像が自動的に切り替わる

ジタルカメラ）の紹介が表示されるのです。個数が出て売上のいい、いわば稼ぎ頭のコンデジを紹介するのは、当然のことですよね。

ですが、不思議なことに、佐藤大輔が見たバナー画像はデジタル一眼レフを紹介したものでした。ここに、トリックがあります。

実は、デジタル一眼レフの広告を出していたポータルサイトYのトップページから来た訪問者にだけ（**条件**）、このバナー画像を表示させるように（**内容**）、仕組まれていたのです。

これがLPOツールでできることの、ほんの一例です。「条件」と「内容」は、このツールを理解する上で鍵となる単語なので、頭に入れておいてください。

デジタル一眼レフの広告をクリックした人には、デジタル一眼レフのバナー画像を見せ、デジタル一眼レフのキャンペーンページに移動させる。つまり、デジタル一眼レフに興味のある人だけに、デジタル一眼レフを売り込んでいるのです。

当然のように、直帰率は下がり、CVRは上がります。

注目してほしいのは、**この仕掛けで新たに作ったものは、差し替え用のバナー画像だけ**だということ。わざわざ、ランディングページを作ることはしていないのです。

ランディングページ制作をプロに依頼すると、ざっと20万円はかかります。クオリ

佐藤大輔にだけデジタル一眼レフのバナー画像を表示させるLPOツールの仕掛け

[LPOツール動作なし]

一般向けのデジタルカメラを訴求

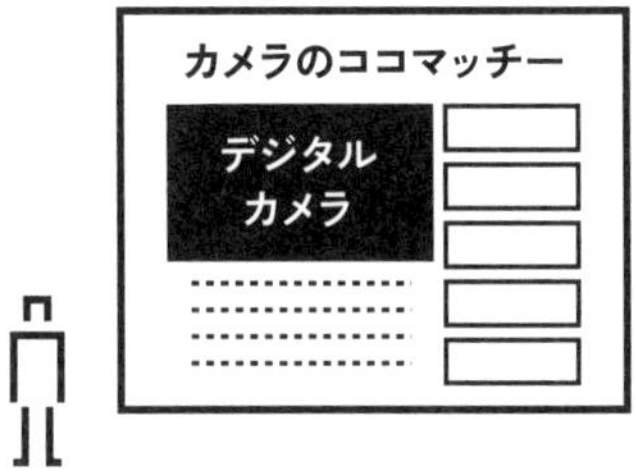
カメラのココマッチー
デジタル
カメラ

[LPOツール動作あり]

「条件：ポータルサイトのバナー広告をクリックして来た人」に
「内容：デジタル一眼キャンペーン」を訴求

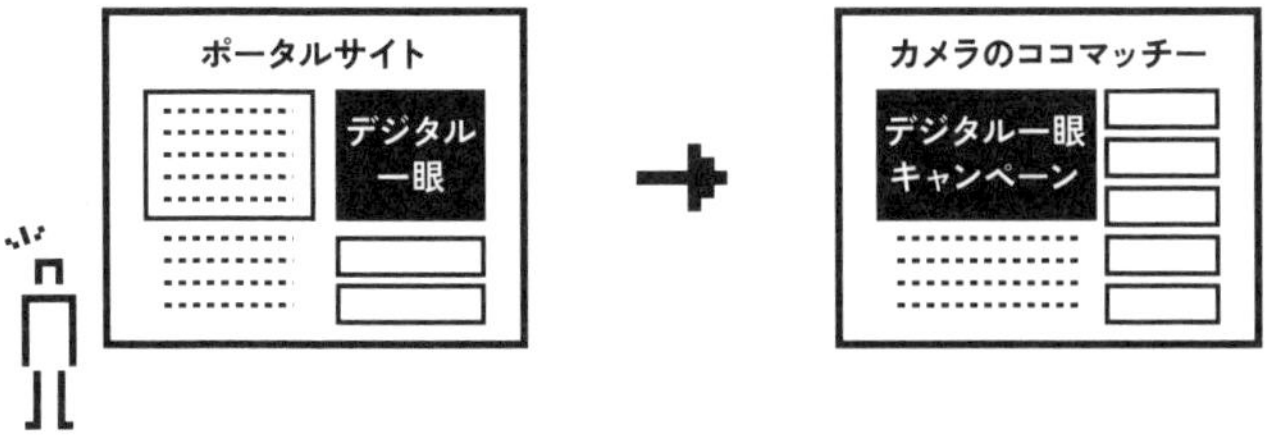
ポータルサイト
デジタル
一眼
カメラのココマッチー
デジタル一眼
キャンペーン

ティの高い会社となると、その2～3倍はかかるのが普通です。内部で対応するにしても、ランディングページ特有の作り方や見せ方を研究し、形にするには、相当な時間がかかります。

それを、比較にならないほど少しの手間で、**訪問者の興味に合わせてバナーとリンク先をチェンジした**のです。

もちろん、100％全員が購入するわけではありませんが、佐藤大輔のようにポータルサイトの広告をクリックした人は数え切れませんから、効果は絶大です。

このタネ明かしは、まだまだ朝飯前。ほんの序章に過ぎません。PROLOGUEには、あと2つ秘密が隠されているのですが、これからじっくりとLPOツールの奥深さ、そして売上アップへとつなげる方法を紹介していきます。

ようこそ！新・成功法則の世界へ

活用方法が知られていなかったLPO

「LPOツール」は、生まれたてホヤホヤの道具というわけではありません。LPOという言葉と同様、もう何年も前からサービスは始まっていました。少なくとも2006年には初の国産ツールがリリースされていたのです。2006年というのは、あくまでもリリース年度。研究、開発はその数年前からスタートしていたのは明白です。ですが、今までは資本力のある一部の企業だけが、こっそり使っていました。

例えば、マクドナルドのホームページは、2008年のリニューアルでLPOツールを導入。検索キーワードや時間帯によって、トップページのコンテンツを切り替えるようにしたのです。検索キーワードに「ハッピーセット」が含まれている場合、親子の写真を背景にした子供向けメニューの画像が表示されるといったように。

では、なぜ一部の企業しかLPOツールを使ってこなかったのでしょうか?

1つは、利用料金が高いということ。ほとんどのツールが、大規模サイトや月間数千万PV、数億PVという、膨大なアクセスを集めるサイトでの利用を想定しているためです。毎月何十万、何百万円という利用料金を、資本力のない企業が払えるわけはありません。CVRが上がるとしても、費用対効果を考えると手が出せなかったのです。

また、**LPOツールの活用法が確立されていない**点も挙げられます。マクドナルドやANAといった一流企業の活用事例がプレスリリースで配信されたり、雑誌の記事になることもありましたが、せいぜい年に数回のレベル。しかも、中小企業が大規模サイトの手法をそのままマネして効果が出るかは、はなはだ疑問です。

しかし、一番の理由は、「**知らなかった**」。これに尽きると思います。

ウェブマーケティング専門外の方は無論、専門家や興味がある方でも、SEO対策やリスティング広告は知っているが、LPOツールのことは知らないという方が非常に多いのです。私自身、何度足を止めてLPOツールのアウトラインを一から説明したことでしょう。

ですが、この本を手に取っていただいたあなたは違います。

- **信じられない低コストで、信じられない効果が出せるLPOツールの活用術**
- **プロのウェブマーケッターに注目される、「行動ターゲティング」で誰よりも稼ぐ方法**
- **月間1万PVにも満たない弱小サイトを、LPOツールで「繁盛サイト」に変える方法**
- **地方の企業ほど得をする、「エリアターゲティング」の信じられない利用法**
- **まだ限られた専門家しか知らない、これから注目の未来派LPOメソッド**

等々……本書を読み終えたとき、少なくとも、これだけの知識とノウハウを手に入れることができます。

ようこそ！　新・成功法則の世界へ‼

PART 2

本命は行動ターゲティング

行動ターゲティングって、こんなモノです。

訪問者の行動によって接客する

「マルキュー」の愛称で若者に人気のファッションビル、ＳＨＩＢＵＹＡ１０９の集客力は誰もが認めるところですが、それだけに内部の生き残り競争は激しいと聞きます。人気のないショップは否応なく撤退となり、次から次に新しいショップが勝負を挑む。まぁ、その循環が人気を支えている要因でもあるのですが。

そんな中、不動の人気を誇るショップには、カリスマと呼ばれる店長や店員さんがいます。30代も中盤を迎えた私から見ると、「えっ、君がカリスマ？」と目を疑ってしまうような容貌なのですが、めちゃくちゃ売りまくる。

そして、その売り方がスゴイ。スーパーや百貨店の衣料品売り場のおじさん、おばさん方。やれ不況だ、やれデフレだと叫んでいる場合ではないのです。

彼女達は、実にさまざまな情報をヒントにして臨機応変に接客方法をチェンジ、店頭のディスプレイを刻々と入れ替えているのです。

お客様の着ている服装で趣味嗜好を把握、持っている紙袋でその日の行動を把握、会話や滞在時間から購入意欲を把握、現在の天気や気温で売れ筋を把握。これはホンの一例ですが、とにかく気合いを入れて売りまくっているのです。

特に注目なのが、お客様の「行動」を売上に結びつける能力。渋谷界隈のセール情報が頭に入っているため、持っている紙袋で「ショップAのセール帰り」と把握し、接客に活かしているのです。「Aのベロアパンツかわいいですよね～。えっ⁉ 買いました？ だったら、このトップスが合いますよ～」といった具合です。

午前中に売り場をウロチョロしていたお客様が再訪したら、何を見ていたかを瞬時に思い出して接客するなんてこともお手のもの。文字にすると当たり前に思うかもしれませんが、こうした接客術の1つ1つが人気ショップを作り上げているのです。

この章のテーマ「**行動ターゲティング**」とは、ホームページ訪問者の行動を条件に、デキる接客術やアプローチをホームページで実践する技術のことです。

売上ナンバーワンの通販サイト「Amazon.co.jp（アマゾン）」で有名になった、「**レコメンドエンジン**」**（機能）**も行動ターゲティングの一種です。

訪問者自身の購入履歴や閲覧履歴に応じて表示される、「表示履歴からのおすすめ」、「おすすめ商品」。商品ごとの購入者情報や購入記録によって表示される、「この商品を買った人はこんな商品も買っています」、「この商品を見た後に買っているのは?」。アマゾン利用者であれば、誰もが目にしたことがある文言であり、売れるコピーの名言です。

アマゾンは、購入や閲覧という訪問者個々の「行動」によって、売り込む商品を変えることでコンバージョンを上げているのです。

レコメンド機能はメールマーケティングにも活用されています。おすすめ商品をメールでお知らせすれば、日頃アマゾンのホームページに来ないユーザーにもアプローチできます。きっと、この本が発売されたら、私の過去の著作やSEO対策関連の書籍を買ったことがある人にメールが送信されるはずです。

レコメンドエンジンは、中規模以上の通販サイトで普及してきており、レコメンドサービスを提供する会社も増えてきています。料金は月額数千円~数百万円と、機能や処理能力によって幅がありますが、ネット勝負の通販サイトですから、小規模サイトであっても前向きに検討してみるといいでしょう。

レコメンド機能と同様に、「**リターゲティング**」というキーワードも要注目です。

詳細は後ほど解説しますが、訪問者に再度ホームページに来てもらうための広告（リターゲティング広告）や、再訪した訪問者に向けたＬＰＯ（リターゲティングＬＰＯ）で登場する用語です。

では、これらの機能を、どのように応用すれば繁盛サイトになるのでしょうか？　アマゾンのように、「この商品を買った人はこんな商品も買っています」と書けば、売上アップするのでしょうか？

行動ターゲティング×LPOの破壊力

知っておくべき訪問者の5つの行動

行動ターゲティングの技術を応用したLPOが、**「行動ターゲティングLPO」**です。行動ターゲティングLPOは、訪問者がとる5つの行動をターゲティングして、コンバージョンアップを目指します。

次に1つ1つ事例を挙げながら説明しますので、じっくり見ていきましょう。

1．どんな検索キーワードで来たことがあるのか？

「どんな検索キーワードで来たことがあるのか？」

これは行動ターゲティングLPOの中でも、利用頻度の高い条件です。繰り返しになりますが、検索キーワードは、訪問者の興味や関心、悩みといったものを端的に表わすので、それに合わせたアプローチをすることで、劇的なコンバージョンアップを狙うことができるからです。

「どんな検索キーワードで来たのか？」と、**「どんな検索キーワードで来たことがあ**

訪問者がとる5つの行動をターゲティングしよう

1. どんな検索キーワードで来たことがあるのか？
2. どのホームページから来たのか？
3. 何回目の訪問なのか？
4. どの商品を買ったことがあるのか？
5. どのページを見たことがあるのか？

るのか？」は、きちんと区別して理解しておくといいでしょう。

前者は、今回の流入キーワードだけをターゲティングしますが、後者は過去の流入キーワードをもターゲティングするものだからです。アクセス解析の結果、リピーターの流入方法が初回の訪問と大きく変わるようであれば、特にこの手法がお勧めとなります。

「ホームページ制作」、「システム開発」、「アプリケーション開発」をメイン業務として展開している神奈川県の会社は、検索キーワードに合わせてトップページのバナーを入れ替えるようにしました。LPOツールを利用して、訪問者の興味とバナーで訴求する業務を連動させたわけです。

しかし、「ホームページ制作　神奈川県」で検索し、リスティング広告をクリックして訪れた人が、1回目の訪問でコンタクトしてくれる可能性は決して高くありません。

これは、単価が高い商品や広く出回っているNB（ナショナルブランド）商品を扱っているほど傾向が強くなります。

他社と比較している中で、再訪してくれる人が、次も「ホームページ制作　神奈川県」で訪れるとは限らず、2回目以降は、会社名で検索したり、登録した「お気に入り」から訪れることもあるのです。その確率は決して低くないでしょう。これでは、2回目以降は「ホームページ制作」を訴求するバナーを表示できないのです。

こんなネックを解消できるのが、行動ターゲティングLPOです。「どんな検索キーワードで来たことがあるのか?」という過去の行動を条件にできるので、1回目に「ホームページ制作」という検索キーワードで訪れた方には、2回目以降も「ホームページ制作」を訴求したバナーを表示させられるのです。会社名やサイト名、お気に入りやソーシャルブックマーク経由で訪れたとしても問題ありません。

「どんな検索キーワードで来たのか?」は、PART3でより深く解説をします。

行動ターゲティングLPO

どんなキーワードで来たことがあるのか？

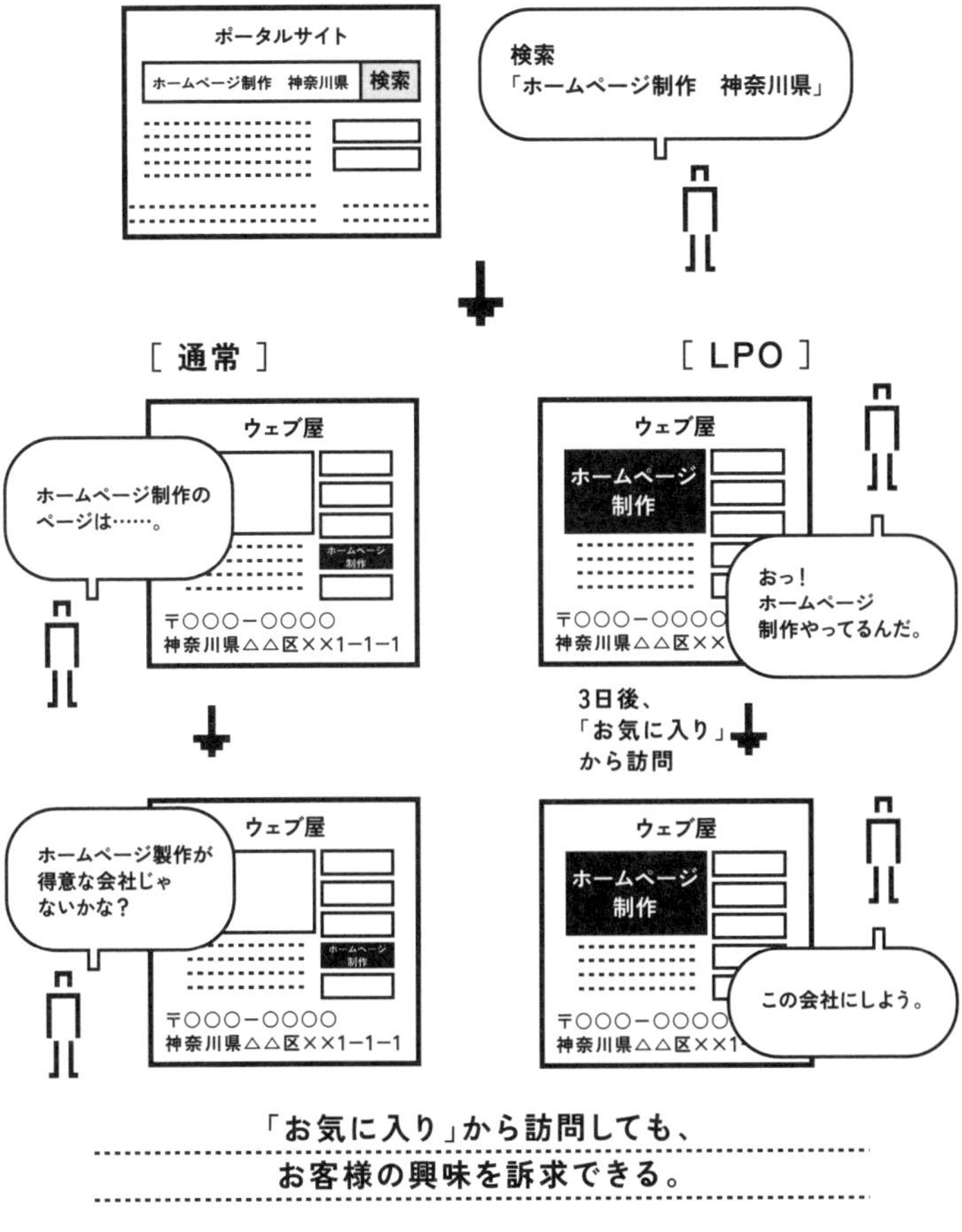
ポータルサイト
ホームページ制作　神奈川県
検索
検索
「ホームページ制作　神奈川県」
[通常]
[LPO]
ウェブ屋
ホームページ制作のページは……。
ホームページ
制作
〒○○○－○○○○
神奈川県△△区××1−1−1
ホームページ制作
おっ！
ホームページ制作やってるんだ。
3日後、
「お気に入り」
から訪問
ホームページ製作が得意な会社じゃないかな？
この会社にしよう。

「お気に入り」から訪問しても、
お客様の興味を訴求できる。

2. どのホームページから来たのか？

「どのホームページから来た訪問者なのか？」

これがわかれば、アプローチ方法を大幅に変えることができます。

検索サイトから来た訪問者は、検索キーワードによって興味がわかります。それと同様に、どのホームページから来た訪問者なのか？　という情報は、販促の大きなヒントになるからです。**リンク元のホームページによって、探しているモノ、訪問者の知識レベル、自社の認知度等が予想できる**からです。

東京都内に数店舗を構えるエステサロンは、無料登録してある「エステサロンのポータルサイト」から来た人向けのバナーを作りました。エステに特化したポータルサイトから来た人は、他のエステサロンと比較している人が多いと予想できるため、他のサロンでは滅多に見かけない、「他のお客様と顔を合わせないで済む待合室」をアピールするようにしました。通常表示させるバナーでもサロンの特徴は打ち出していますが、より差別化を図れる訴求ポイントに絞ったのです。結果、ポータルサイト経由の訪問者のＣＶＲが０・４％以上アップしました。

ホームページ内部でも、この仕組みを使うことができます。

例えば、いろいろな食品を取り扱う通販サイト。肉マンの商品紹介ページを見ていた人がトップページに戻ったら、他の中華料理や肉料理を勧めるといった感じでしょうか。「肉マンを買うか迷っていた人に何を勧めればいいか?」を考えるのです。

メルマガ登録者数を増やしたい、あるIT企業のホームページには、こんな工夫がしてあります。下層ページからトップページに戻ったら、メルマガ登録を促すバナーを見てもらう。

実は、**トップページから流入した訪問者が、他のページを見た後で、再びトップページに戻ってくる確率は高い**のです。ちなみに、そのホームページでは約20%の訪問者が、一旦、トップページに戻るそうです。

そのとき、訪問時と同じバナー画像を表示させるのではなく、「もう、メルマガは購読していますか?」と聞いてみる。タクシーの運転手さんが、「お忘れものはありませんか?」と聞くように。

この仕組みを導入した後、0・5%程度だったメルマガの登録率が1・8%を超えるまでになりました。これなら、あなたのホームページでも、簡単に実践できそうじゃありませんか?

ちなみに、訪問者が、どのホームページから来たかは、「リファラ(参照元)」というデータでわかるようになっています。このデータはブラウザ(IE、Firefox等)

から、ホームページが置かれているサーバに送られるもので、使っているブラウザの種類やバージョン、検索キーワードといった情報も含まれています。

3. 何回目の訪問なのか?

「このホームページに何回来てくれた人なのか?」

お店にはじめて来てくれた人は、新規客や一見さんと呼ばれることがあります。2回以上来てくれた人には、リピーターや固定客、常連さんといった呼び方がありますす。たいして意味がないものに、わざわざ名前はつきません。あえて異なるネーミングがされているということは、**「はじめて」なのか「2回目以上」なのかというラインは、販促において重要なポイント**だという証明です。

ただ、何も買わずに店内をフラついて帰る人と、毎度商品を買ってくれる人を同じくくりにするのは強引なので、前者は「再訪客」という呼び方で区別するのが一般的です。

訪問回数は、行動ターゲティングLPOの中では導入の敷居が低い条件です。1回目、2~10回目というように、設定がシンプルだからです。

活用方法としてはまず、「何度も見せる必要がないもの」を差し替える手法があります。トップページに設置した、再生時間の長いFlashアニメーションが、1回見てもらえば十分な内容であれば、2回目以降は静止画像に変更。キャッチコピーや商品の売りをババンと読んでもらいましょう。画像に「アニメーション再生ボタン」をつけておけば、もう一度見たい人の要望にも応えられます。

一定回数以上アクセスしてくれた人だけの特典を用意しておけば、思わぬサプライズプレゼントとして高いコンバージョンが期待できます。特典と引き換えに、名前やメールアドレスを取得する仕組みにしてもいいでしょう。

海産物を扱う、ある通販サイトは直帰率が60％を超えていました。売上は1億円近くあったのですが、直帰率を下げることができれば、より大きな売上が見込めます。広告の費用対効果も高くなることでしょう。

そこで、今まで写真だけで訴求していた海産物の動画を見せることにしました。カニや伊勢エビの調理中の映像、調理された鍋や刺身の映像。そして……おいしそうに食べる家族の映像。ぷりぷりの伊勢エビを一口でパクッ、濃厚なカニミソを味わう笑顔。思わずヨダレが垂れてきます。

しかし、この映像には1つだけ欠点がありました。データ量が大きく、映像時間も3分と決して短くはありません。そこで、この動画を見せるのは、訪問回数3回目までの方として問題を解決したのです。結果、直帰率は20％減の40％。たった2週間で合格レベルの数値に到達しました。

4．どの商品を買ったことがあるのか？

「どんな商品を買ったことがあるのか？」

訪問者の購入履歴は、貴重な貴重なデータです。**購入という行動は、多くのホームページにとって最終目標であり、訪問者にとってのゴール**なわけですから当然です。

一度でもお金を払ってくれた人と、一度もお金を払ってくれない人。この差は、訪問回数どころの条件ではないのです。

あるお客様が、「いつ」「何を」「どのくらい」買ったか。さらに、「何のために」買ったか。これがわかれば、どんな売り方ができるでしょう。

最寄り駅から10分ほど歩いたところにある、1軒の小さなお花屋さん。国道へとつながる片側一車線の道路に面しているだけで、決していい立地とはいえません。駐車場は1台のみ。むしろ、悪い立地といっていいでしょう。

でも、このお花屋さんは儲かってます。駅近の同業より確実に儲かっている。最近、とてもかわいらしい内装にリニューアルはしましたが、大量の注文がとれる結婚式場や葬儀屋と提携しているわけではありません。

このお店の繁盛の秘訣は、何といっても購入履歴の活かし方です。店長のセンスのよさ、折込広告のクオリティの高さもありますが、とにかくリピーター作りがうまいのです。

● お墓参りに来たという家族連れには、お彼岸とお盆の時期にはがきを発送（**いつ**）
● 色の好みや収入レベルに応じて、DMで紹介する花を変える（**何を**）
● 大口のお客様には、配送の帰りなどに挨拶に伺う（**どのくらい**）
● 奥さんの誕生日にお花を買いに来たという男性には、翌年の同じ頃にDMを発送（**何のために**）

大手企業であれば、これくらいの販促は普通のことで、決して珍しくありませんが、街の小さなお花屋さんがやっているところがスゴイと思いませんか?

行動ターゲティングLPOは、このお花屋さんのように**訪問者の購入履歴を条件にしたアプローチ**ができます。

毎月、数多くの新商品を出す通販サイトは、どの商品をトップページで訴求するかが悩みどころです。毎日バナーを入れ替えたり、ランダムに表示させることでも対応できますが、それでは「運任せの販促」になってしまいます。そんなときは、購入履歴を条件にバナーを差し替え、「**理詰めの販促**」を実践しましょう。

商品Aを買ったことがある人には、「新商品A'」を薦める。商品Bを買ったことがある人には、「商品B'」を薦める。ドラクエシリーズを買ったことがある人には、ドラクエの最新作を薦める、と書けばわかりやすいでしょうか。

一度でも購入したことがある訪問者は、優良なリピーター予備軍です。

訪問者の購入履歴を活用できるLPOツールの料金は高めですが、既存客をリピーターへと成長させるアプローチで、ライバル企業のホームページを出し抜いてはいかがでしょうか。

5. どのページを見たことがあるのか？

訪問者の閲覧履歴を条件にした行動ターゲティングLPOは、数多くの有名企業で導入されており、「リターゲティングLPO」と呼ばれることもあります。

「商品Aのページを見た人が訪問してきたら、再度商品Aを訴求」、「Bキャンペーンのページを見た人が訪問してきたら、再度Bキャンペーンを訴求」。このような使い方が一般的です。

都内にある旅行代理店のホームページは、数多くの国内旅行、海外旅行を扱っているのですが、人気のある地域やスポットが盛り込まれたツアーばかりをトップページで目立たせていました。その影響か、人気のある地域と人気のない地域の売上が徐々に開いていったのです。また、年々取り扱う地域が増えていき、ホームページの動線が煩雑になっていきました。

これらの問題を解決したのが、**閲覧履歴をもとにした行動ターゲティングLPO**。訪問者の過去の閲覧履歴をもとに、トップページのバナーを入れ替えることにしました。「タイのページを見ていた人にはアジアのツアーを訴求」、「フランスのページを見ていた人にはヨーロッパのツアーを訴求」。シンプルですが、きわめて有効な手法です。結果、訪問者を迷わせることなく興味あるツアーのページへ誘導できるようになりました。

この手法のメリットは、2回目以降、どんな検索キーワードで来ようが、お気に入りから来ようが関係ないというところです。クッキー（Cookie）という、さまざまな情報をブラウザに保存させる仕組みを使って、訪問者個々の閲覧履歴や訪問回数をターゲティングに利用しているのです。

500億円の有望マーケット

ホームページを見た人にもう一度訪れてもらう仕掛け

行動ターゲティングを語る上で、絶対に外せないトピックが「行動ターゲティング広告」です。

米Googleが参入を表明した2009年以降、海外のニュースを中心に、目にする機会は確実に増えています。

もう、ピンときたと思いますが、これは訪問者の閲覧履歴によって適切な広告を表示させる仕組み。ユーザーごとの興味や関心に合わせた広告が表示される、広告主から見れば、まるで夢のような広告なのです。

例えば、釣りが好きなAくんとオシャレが好きなBさんが、まったく同じ時刻にYahoo! JAPANを見たとします。すると、Aくんには「釣り竿の広告」が表示され、Bさんには「化粧品の広告」が表示される……という具合に、表示される広告が違うのです。

もし、この広告がランダム表示で、Aくんに「化粧品の広告」、Bさんに「釣り竿の広告」が表示されたらどうでしょうか？　クリックするどころか、ろくに見てもらえないでしょうし、AくんやBさんにとっても価値のないスペースとなってしまいます。

閲覧履歴は、行動ターゲティング広告のサービス提供会社が提携しているホームページ（ネットワーク）のものを利用できます。Aくんの場合、過去1カ月ほどの間に釣り関連のホームページを多く見ていたから、「釣り竿の広告」が表示された……というトリックなのです。

ネットワークのホームページが増えるほど、訪問者の多様な趣味嗜好を読み取ることができ、**より精度の高い広告配信**が可能になります。

広告主（あなたの会社）のホームページを見た人にだけ、広告配信することもできます。

想像してみてください。昨日、あなたのホームページを訪問した人が、今日、何気なく他のホームページを見たときに、あなたの会社の広告を出すことができたとしたら……「あれ？　どこかで見たな？」と記憶を呼び起こし、高い確率で再訪してもらえるはずです。

ネットワークのホームページが増えるほど精度の高い広告配信ができる

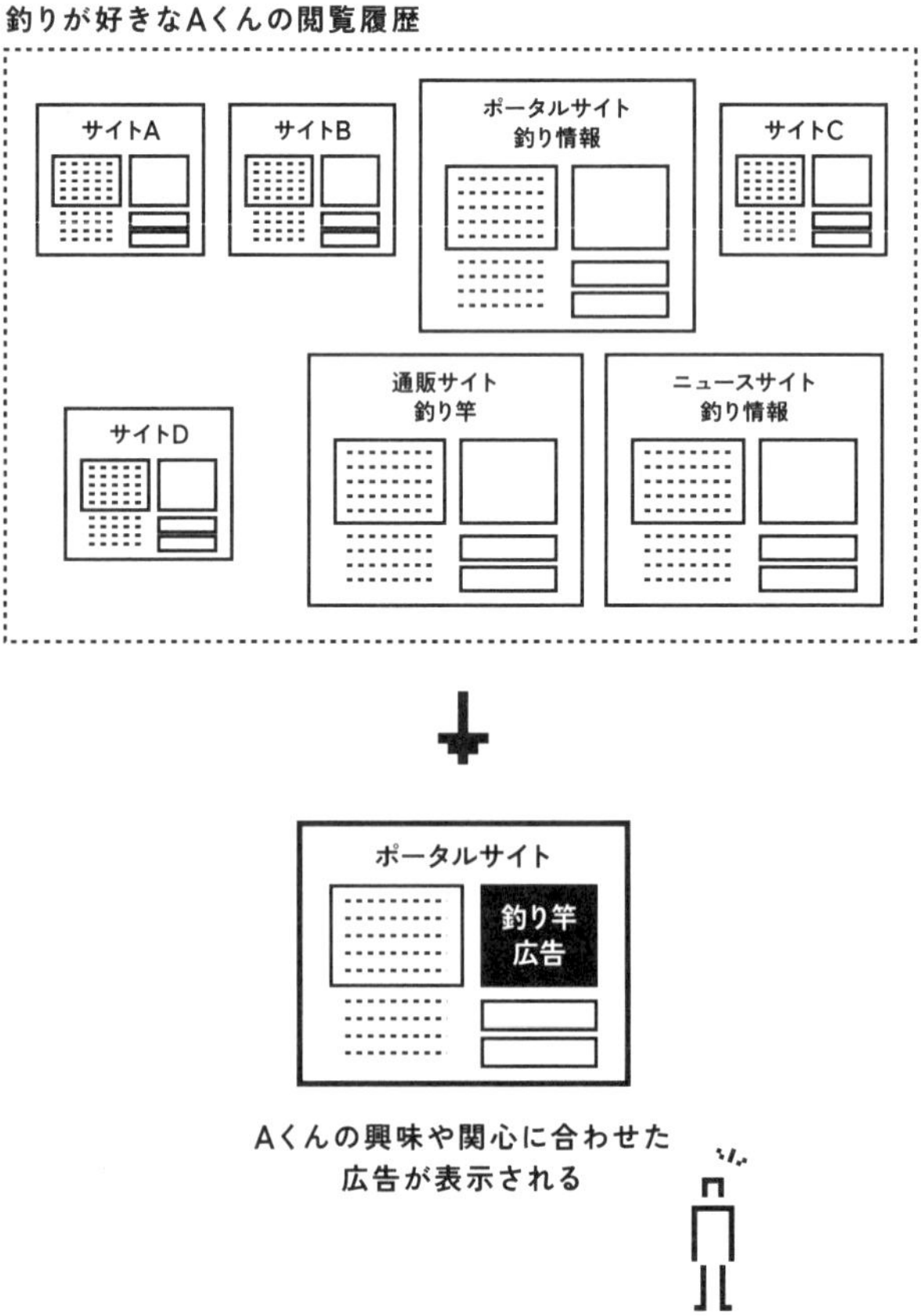

釣りが好きなAくんの閲覧履歴
サイトA
サイトB
ポータルサイト
釣り情報
サイトC
サイトD
通販サイト
釣り竿
ニュースサイト
釣り情報
ポータルサイト
釣り竿
広告
Aくんの興味や関心に合わせた
広告が表示される

このタイプの行動ターゲティング広告は、「**リターゲティング広告**」という名称で分類されることもあります。

PROLOGUEの、2つ目の謎も「行動ターゲティング広告」が解答になります。

「大手ポータルサイトYを訪れた佐藤大輔の視線は、無意識にそのバナー広告へと向かった。昨夜、2時過ぎまでネットで調べていた……」

デジタル一眼レフのことを調べていたホームページの中に、行動ターゲティング広告のネットワークがあったため、ポータルサイトYにデジタル一眼レフの広告が表示されたのです。逆に、いきなりポータルサイトYにアクセスしていたら、その広告を目にすることはなかったかもしれません。もちろん、その店で購入することも。

行動ターゲティング広告は、**潜在客と企業を結びつける強力なマッチングシステムなのです。**

ここで、行動ターゲティング広告の代表的なサービスを見てみましょう。

1. MicroAd　BTプレミアム(マイクロアド)

サイバーエージェントの子会社、マイクロアドが提供する行動ターゲティング広告のサービスです。@nifty、excite、livedoor等、日本を代表するホームページでネットワークを組んでいるのが特徴。なんと、インターネットユーザーの3分の1にリーチできるそうです。

マイクロアド社は他にも、リターゲティング広告やコンテンツ連動型広告等、さまざまな広告サービスを提供しています。最低申込金額が数十万円するので、導入の敷居は決して低いとはいえませんが、それだけにライバル企業は使っていないかもしれませんね。

2．インタレストマッチ（Yahoo! JAPAN）

Yahoo! JAPANが提供する「興味関心連動型広告」です。閲覧履歴や検索履歴の行動ターゲティングだけではなく、性別や年代で絞り込むこともできるのが特徴。

Yahoo!はもちろん、mixiやAll Aboutのような誰もが知っているホームページへ広告出稿できるのが強みです。

お馴染みとなった検索連動型広告「スポンサードマッチ」のように、気軽に行動ターゲティング広告を始められるのがうれしいところです。

潜在客を効率的に囲い込む

まだピンときていない人のために、カップラーメンを製造、販売する企業が、全国のスーパーマーケットで売上アップするための施策を例に、行動ターゲティング広告を考えてみましょう。

SEO対策やリスティング広告は、あくまでもスーパーマーケット内部で行なう対策と一緒です。より目立つ位置にカップラーメンを陳列してもらうのがSEO対策。POPや試食で他の商品より目立たせ、手に取ってもらう確率を高めるのがリスティング広告。ここまでは簡単ですね。

では、行動ターゲティング広告とは何でしょうか?

答えは、**新聞の折込広告**。主婦が大好きなチラシです。

スーパーに協力してもらい、全国各地の家庭に配られるチラシに自社のカップラーメンを掲載してもらえれば、それを目当てにスーパーに訪れる人が増えます。

潜在的に「ラーメン食べたいなぁ」と思っている人へアプローチして、「このカップラーメンが食べたいなぁ」と顕在化させるのが、行動ターゲティングの基本的な役割です。

要するに、スーパーに来た人にカップラーメンを買ってもらうのがＳＥＯ対策やリスティング広告。カップラーメンを買いに来る人を増やすのが行動ターゲティング広告というわけです。

ネット界の巨人Googleも、２００９年から、アメリカで行動ターゲティング広告「Interest-Based Advertising」をスタートしたこともあり、注目度は年々増しています。

国内では、景気の悪化も追い風となり、**ターゲットを絞り込んだ配信、より効率的な広告配信への需要が高まっている**ことから、２００９年には１６０億円市場だったマーケットが、２０１２年には５００億円を超えると予測されているほどです。

行動ターゲティング心理学

LPOも行動ターゲティングも販促戦術

LPOと広告。2つの行動ターゲティングについては、かなりご理解いただけたと思いますが、頭のどこかに、こんな疑問がよぎってはいませんか？

「本当に効果あるのかなぁ？」

その気持ち、よくわかります。今までにない販促術がウェブ上で展開できるってことは理解したけど、それが本当に効くのか、やる価値はあるのか、そして、「失敗したらヤダなぁ。自分は……自分だけは損したくないなぁ」って、思ってるんですよね。

そのような心理を「**マッチングリスク意識**」といいます。どんな商品であっても、購入時にはいくらかの不安がつきまとうものですが、実際に使ってみないと効果がわかりにくいモノは、特に不安が大きいものなのです。

ではここで、「なぜ、行動ターゲティングやLPOが売上アップにつながるのか？」を心理学の観点から紐解いていきたいと思います。私がサラリーマン時代に書いた著書、『お客をつかむウェブ心理学』（同文舘出版）をお持ちの方は、そちらとあわせて理解を深めてください。

訪問者の欲求とランディングページの内容をマッチさせて、直帰率を下げるのがＬＰＯの基本です。

アクセス解析にはさまざまな数値が出てきますが、その中でも直帰率は重要な要素となります。最もメジャーなアクセス解析ツールとなった「Googleアナリティクス」においても、「サイトの利用状況」という、最初に目にする６つの数値の中に入っているのですから、疑う余地はありません。

「**初頭効果**」という心理学用語があります。これは、人や物に対するイメージ形成は、初期に得た情報をもとに行なわれるという心理現象のこと。ファーストインプレッション（第一印象）の重要性を語るときに、よく引用されます。

ＬＰＯは、初頭効果を狙った戦術といってもいいでしょう。最初に目にするランディングページが、訪問者のホームページに対するイメージを決めてしまうというわけです。

また、ファーストインプレッションがよいものであれば、後に好ましくない特徴があったとしても、それほど悪いものではないと寛大に評価する「**寛大効果**」という心理も働きます。

検索「バラ　送料」というキーワードで来た訪問者がいたとします。ＬＰＯツールによって、この人には「日本全国送料無料」というポイントを訴求したバナーを表示させます。

このとき、訪問者が不安にしていた送料を解決したことで、いい第一印象を与えることができます。そうすれば、バラの値段が少々高くても、多少発送が遅くても、「まぁいいか」と思っていただける確率が高まるというわけです。

行動ターゲティング広告は、「**ザイオンス効果**」を狙うことができます。

ザイオンス効果とは、接触回数が増えるにつれて、親近感や好意が上がっていく現象のことです。毎朝、軽く挨拶する程度の人だったのに、気づけば異性として意識するようになってしまった……そんな甘い経験もこんな心理効果が働いているのです。

自社ホームページを見たことがある人だけに表示されるタイプのリターゲティング広告も、これがあるからボディブローのように効いてくるのです。

「あれ？　この商品、ちょっと前にホームページ見たよな？」

「ん？　このホームページにも広告が出てる……気合いが入ってるんだな」

という具合に。

結局、**ＬＰＯも行動ターゲティング広告も、販促戦術の１つ**なのです。アクセス解析の数値を追うことは当然として、それと同じくらい、訪問者の心理を読むことが肝心です。

PART 3

興味も悩みも「検索キーワード」が知っている

「検索マーケット」と「検索ビジネス」の今

SEO対策は無意味になる!?

Yahoo!やGoogleの検索窓に入力されるキーワードが、「検索キーワード」です。

「今さら何?」と思った方、危険ですよ。あなたの知識は、いつ仕入れたものですか? LPOのように、検索キーワードの世界も日々刻々と変わっているのですから、これを機にあなたの知識を整理整頓してみてください。

検索キーワードは、ホームページでじゃんじゃん稼ぎたい方は熟知していて然るべき要素です。一般的なホームページであれば、30〜60%程度は検索サイト経由の訪問者。何かしらのキーワードで検索し、あなたのホームページにたどり着いた方々なのです。

2009年の段階で、日本では毎月70億回も検索されていて、その数は年々増え続けています。単純に、国民全員が月に54回検索、1日当たり1・8回検索している計算になります。2006年の月間総検索数が47億回だったことを考えると、検索マーケットの成長ぶりがわかります。

あらゆる世代の男女が自分の手と頭を使って、検索窓に文字列を入力している。しかもそれは興味や関心、悩みや不安、調べたいコトや確認したいコトを意味するのです。間違いなく**検索というのはインターネットの１つの文化であり、巨額のマネーが行き交う市場（マーケット）**なのです。

日本での検索シェアは、今も変わらずYahoo!とGoogleの二大巨頭が君臨しています。２００９年の調査でYahoo! 51・3％、Google 38・2％と、90％近いシェアを２つのサイトでキープしています。

さまざまな事情はありますが、中国では百度（バイドゥ）がトップシェアをとっているように、国別で見れば事情が変わってくることは覚えておいてください。韓国では、Googleのシェアなんてたった５％しかないのです。

ユーザーが欲しい情報にたどり着く精度と速度を上げるため、検索サイトも進化しています。進化に乗り遅れれば、シェア争いにも影響するのですから大変です。

例えば、「**Googleパーソナライズド検索**」は、ユーザーが検索したキーワードを管理、学習することで、ユーザーの嗜好に合わせた検索結果を上位表示させる機能です。自分で検索順位をカスタマイズしたり、検索履歴を時系列で確認することもできます。

例えば、「ピザ　宅配」というキーワードで検索して、毎回「ドミノ・ピザ」をクリックしていると、ＳＥＯ対策による実際のランキングとは関係なく「ドミノ・ピザ」が１位に表示されるようになるのです。もちろん、「ピザーラ」をクリックしてる人は「ピザーラ」が１位に表示されます。

ピンときましたか？「ユーザーに合わせて」という趣旨って、ＬＰＯや行動ターゲティングと同じですよね。これも**時代の流れがパーソナライズ化へと向かっていることの裏づけ**です。

しかも、この「Googleパーソナライズド検索」、今まではGoogleアカウント（Googleの発行するＩＤとパスワード）でログインした人だけが対象でしたが、今後はGoogleを利用する全てのユーザーが対象になるというのだから驚きです。

つまり、ユーザーによって検索結果が違うのですから、ＳＥＯ対策はまったく無意味になるのです！……というのは冗談です（すみません）。

Googleによると、ＳＥＯ対策への影響は軽微とのことです。ユーザーによって検索結果がまったく変わってしまうわけではなく、全体の20％が変化する程度だそうです。その数値でも多少の影響はありそうですが、Yahoo!等、他の検索サイトが今のところパーソナライズ化には追随していないことからも、SEO対策が今すぐ無駄になるということはありません。

それでも、時代の流れがどこを向いているかは頭の片隅に置いておくべきです。少なくとも、**上位表示だけのSEO対策の意味が薄れている**ことは、はっきりしています。

変化は検索をする側のスキルにも見ることができます。

多くのユーザーが検索慣れしたため、よりピンポイントな検索をするようになってきました。検索「ラーメン」ではなく、「ラーメン　ランキング」、「ラーメン　札幌」、「ラーメン　レシピ」のように、**自分が欲しい情報を表示させる**技術が浸透してきたのです。

これは英語圏の話になりますが、何個のキーワードを合わせて検索をかけるのが一番多いと思いますか？

正解は2つです（23・5％）。その次に多いのは、単独キーワードではなく3つのキーワードで構成された複合キーワード（21・7%）。これはちょっと意外ですよね。単独キーワードで検索される割合は20・5%で3位だったそうです。もっと驚きなのが、6キーワード以上で調べる人が10%を超えているという結果です。

検索「おいしい　ラーメン　人気　札幌　味噌　太麺」のように、日本語で6キーワード以上ということは考えにくいですが、世界全体を見れば、この数は伸びているようです。

検索キーワード調査に役立つツール

変わったといえば、検索キーワードの調査方法も外せません。**SEO対策やリスティング広告で狙うキーワード**を決めるのに欠かせないのが、月間検索数等が調べられるツールです。

以前は、オーバーチュア（現Yahoo! JAPANリスティング広告）が提供していた「キーワードアドバイスツール」を使うのが一般的でしたが、2007年4月にサポートを終了してしまいました。理由は、あまり大きな声ではいえませんが、「貴重なデータだから売ったほうが儲かる」に尽きると思います。

そんなわけで、今も使えるお役立ちツールを、いくつか紹介しておきます。

1. Googleキーワードプランナー
https://adwords.google.co.jp/KeywordPlanner （無料）

Googleが提供する無料のキーワードツールです。キーワードの候補から、月間検索数と平均検索数が調べられます。「ウェブサイト」欄に自社のURLだけを入れて調べると、自社のホームページと関連性の高いキーワードがズラッと出てきます。

2. FerretPLUS（フェレットプラス）
http://ferret-plus.com/ （無料・有料版あり）

フェレットプラスは、「キーワードアドバイスツール」と「サイト詳細分析ツール」、「人気検索キーワードランキング」が1つになったサービスです。有料版で利用できる「詳細分析」は、Yahoo!とGoogleそれぞれの検索数やＫＥＩ値（キーワードの有効性を表わす数値）、リスティング広告の出稿数、検索推移等がわかるので便利。私も有料版を利用しています。

3. Google Insights for Search
http://google.com/insights/search/ （無料）

「Google Trends」を発展させた、検索キーワードのトレンド分析ツールです。あるキーワードの検索ボリューム（検索回数）の推移をグラフによって視覚的に把握できます。

最大5つのキーワードを比較できるので、「ホームページ」と「ウェブサイト」のような類義語で迷ったときに特に便利。検索数の絶対値がわからないのは残念ですが、キーワードの需要を調べるには最良のツールといえます。

4. Weblio類語辞典
http://thesaurus.weblio.jp/ （無料）

ウェブマーケティング専用というわけではありませんが、検索キーワード選びには欠かせないツールです。ネット上には類語辞典はいくつもありますが、これは検索したキーワードの類語を分類して表示してくれる優れもの。

例えば、「旨い」で検索すると、「おいしい」、「美味な」、「風味がよい」、「美酒美肴」、「舌鼓を打つ」、「甘露甘露」、「この世の悦楽」等、ちょっと思いつかないような類語をわんさと表示してくれます。ホームページやブログのライティングにも使える、お勧めツールです。

じゃんじゃん稼ぐ！繁盛キーワードの見つけ方

アクションに結びつかなければ意味がない

検索マーケットや検索ビジネスが変われば、儲かる検索キーワードも変わります。オリンピックは4年に一度で十分ですが、ウェブマーケティングの知識はそうはいきません。この後に紹介するLPO手法、「キーワードターゲティング」で成果を上げるためにも、「繁盛キーワードとは、どんなものか？」を理解しておきましょう。

繁盛キーワードとは、単に検索数の多いキーワードではありません。月間検索数が何十万あったとしても、購入や資料請求といったアクションに結びつきにくいキーワードは貧乏キーワードです。もちろん、検索数が多いに越したことはありませんが、**「コンバージョンにつながるキーワード」こそが、繁盛キーワード**だと心に刻んでください。

1. 緊急性が高いキーワード

「か、係長！　トイレが詰まって、水が廊下まで溢れています！」

「おいおい、早く業者に頼めよ」

検索「トイレ　つまり」

これが、「緊急性が高いキーワード」です。何しろ急いでいますから、高い確率でどこかしらの業者に依頼します。ホームページで探して、電話で依頼する方も多いでしょう。料金の比較に時間をかける余裕がないのも特徴なので、とにかく検索結果の上位に表示されていることが鍵となります。ちなみに、このキーワードをリスティング広告で1位に表示させるには、約700円／クリックが目安となります。

他にも、「資金繰り」、「事故」、「故障」、「怪我」、「病気」、「災害」、「駆除」に関連するキーワードがこれにあたります。

「早い」、「急ぎ」、「即日」、「翌日」といったキーワードが一般用語につくと、途端に「緊急性が高いキーワード」に一変します。「年賀状　印刷　早い」、「電報　急ぎ」、「名刺　即日」、「翌日　発送　菓子」。もう、**買う気満々の繁盛キーワード**です。

2. 重要性が高いキーワード

「か、課長！　誤って、会社の機密データを全て削除してしまいました！」

「なに⁉　何が何でもデータを復旧させろ！　できなきゃクビだ！」

検索「データ　復旧」

これが、「重要性が高いキーワード」です。緊急性とかぶる部分もありますが、何しろ重要なので、単価が高くても売れるのが特徴です。単価の高さを補完できるよう、「信頼」をキーワードに、ホームページのコンテンツは手抜きしないで、ライバル会社以上に充実させるといいでしょう。

ちなみに、「データ　復旧」で、リスティング広告でトップ表示させるには、1クリック3500円を覚悟しなくてはいけません。広告予算の上限をきちんと設定しておかないと、恐ろしいことに1日で20万円かかる計算になります。

個人的な悩みや不安を表わす言葉もこの部類に入ります。「離婚」、「遺産」、「詐欺」。「ローン」、「融資」、「借金」に至っては、相当、切羽詰まってます。だんだん気持ちがブルーになってきましたね。

ではここで、繁盛スパイスを効かせてみましょう。その正体は、「相談」、「解決」、「改善」、「解消」、「対処」といった**魔法の解決キーワード**です。これを、重要性のあるキーワードにくっつけてください。「離婚　相談」、「遺産　解決」、「借金　返済」。立派な繁盛キーワードの完成です。

ここまで重要性が高くなくても、「不動産　相談」、「会社経営　改善」のように、解決キーワードをつけることで繁盛キーワードに化けるものは、たくさんあります。

このような正しい形の複合キーワードは、必然的にCVRは相当高くなりますし、リスティング広告費の削減につながります。ついでに、「ハゲ」、「口臭」、「にきび」といったコンプレックス用語も、この部類の重要なキーワードとして押さえておきましょう。

ちなみに私、「ダイエット」や「脱毛」といった重要性の高いキーワードに上限なしで広告を出してしまい、一晩で35万円使い込んだ苦い経験があります。おかげで少しダイエットできましたが……。

3．地域性が高いキーワード

「ねぇ、お父さん。せっかく銀座に出かけるんだから、おいしいランチでも食べましょうよ」

「そうだな。いい店調べておいてくれよ」

検索「銀座　ランチ」

これが、「地域性が高いキーワード」です。特に、「地名」は最もメジャーな繁盛キーワードです。

ユーザーのスキルが上がっているので、都道府県名よりも「新宿」、「横浜」、「梅田」のような都市名で検索される傾向が強くなっています。「有馬　温泉」、「草津　露天風呂　旅館」のように、ピンポイントになるほど繁盛度は高くなります。

利用者数の多いターミナル駅になると、「西武新宿駅　居酒屋」、「渋谷駅　カフェ」のようなキーワードでも月間検索数は１０００を超えてくるので、狙い目です。「フェレット　プラス」のようなツールを活用して、繁盛キーワードを探っていきましょう。

他にも、「エステ」、「床屋」、「美容室」、「ラーメン」、「ホテル」、「デリヘル」、「マンション」、「中古物件」、「会議室」、「本屋」、「旅行」、「レンタカー」、「ダイビング」といったキーワードは、地名と一緒に検索される繁盛キーワードです。

月間検索数が少なく、測定不可能なキーワードでも、アクセス解析で地名入りのキーワードがあれば、下層ページでＳＥＯ対策を狙ったり、リスティング広告をかけておくことをお勧めします。あなたしか知らない、**秘密の繁盛キーワード**となるかもしれません。

4. 季節性が高いキーワード

「ねぇ、お父さん。今年のゴールデンウィークは旅行でも行きましょうよ」
「そうだな。いいホテルを調べておいてくれよ」

検索「ゴールデンウィーク　国内旅行」

これが、「季節性の高いキーワード」です。「正月」、「バレンタインデー」、「花見」、「ゴールデンウィーク」、「花火」、「七五三」、「クリスマス」、「お歳暮」、「忘年会」等、いろいろ想像できますが、単独ではユーザーの嗜好が絞り切れないので、これに繁盛スパイスをかける必要があります。

「バレンタインデー　チョコ」、「花見　弁当」、「花火　大会」、「七五三　着物」といった感じでしょうか。季節というより、季節にちなんだイベントと連動させるイメージです。何かしらのキャンペーンと絡める手法も考えられます。

変化球としては、西暦があります。「2010　カレンダー」、「ドコモ　冬モデル　2010」は想定内だと思いますが、「成人式　髪型　2010」の月間検索数が1万を超えることはあまり知られていません。

このようなキーワードが活用できる業種は限られてしまいますが、あらゆるビジネスにおいて「季節性」は常に意識するべきです。

ちなみに、季節性というだけあって、検索される時期が偏っていることも特徴です。「Google insights for Search」を活用して、一定期間だけリスティング広告をかけたり、ピーク前にキャンペーンページを公開しておくといった準備を整えておきましょう。

5. 専門性が高いキーワード

「部長、そろそろウチもVPNの導入を考えてみませんか？」

「何か問題が起こる前にセキュリティを万全に、ってわけだな。よし、調べてみろ」

検索「VPN　回線　費用」

これが、「専門性の高いキーワード」です。「金属印刷機」、「エンダモロジー」、「シリコンコーク」等、月間検索数は少ないのですが、高いCVRが狙えるのが特徴です。

ホームページ内の専門用語は嫌われる傾向にありますが、BtoBのビジネスをしている場合、その限りではありません。「用語集」で意味を補足すれば親切ですが、そもそも、「ある程度、わかっているお客様」を相手にしているのですから、大きな問題はありません。

専門用語単独の検索は、用語自体の意味を調べているだけのユーザーも多いため、「費用」、「予算」、「導入」、「相談」、「資料請求」のようなキーワードを足して、超・繁盛キーワードにしてもいいでしょう。**プラス1のキーワード**は、商品によって変わってきます。

6．ずばり固有名詞

「ねぇ、お父さん。『お客をつかむウェブ心理学』っていう本、タメになるみたいよ」
「そうか。じゃあ、アマゾンで買っといてくれ」

検索「Amazon」

これが、「ずばり固有名詞」です。年間検索数のベスト10を見ても、「YouTube」、「mixi」、「2ちゃんねる」、「Google」、「楽天」、「Amazon」、「ニコニコ動画」、「goo」、「ANA」、「JAL」……と、圧倒的な検索ボリュームを叩き出すキーワードは、全て固有名詞です。ベスト50まで広げてみても、一般名詞は「郵便番号」、「翻訳」、「地図」、「宝くじ」だけ。

何だかんだいって、ピンポイント検索である固有名詞にかなう繁盛キーワードはありません。何しろ、「ご指名」なのですから。

ただ私は、「会社名で月に10万回検索されるようにガンバりましょう！」といいたいわけではありません（それができればベストですが）。ましてや、他社の商品名にリスティング広告をかけることを勧めるわけでもありません。その名称が商標登録されていなくても、です。

会社名や個人名、商品名、サービス名といった固有名詞は**絶対的な繁盛キーワード**であることを、ゆめゆめ忘れないでほしいのです。

折込チラシを見て商品名を検索する人、名刺交換の翌日に社名を検索する人、プレスリリースを見てサービス名を検索する人。「ご指名客」を確実に貴社ホームページに誘導できるよう、最低限のSEO対策は施してください。

残念ながら、社名やサービス名があまりにも一般的で、検索結果の上位に入っていない場合、リスティング広告をかけておくといいでしょう。名刺やチラシに、「地名＋社名」で検索するよう促しておくのも、地味ながら効果的です。

繁盛キーワードの「匂い」を嗅ぎ取ろう

以上、6つの繁盛キーワードを解説しましたが、いかがでしたか？

もうおわかりだと思いますが、**「まだ誰も知らない、月間検索数10万回以上のビッグキーワード」なんて存在しません**。そんな財宝を、あなた1人だけが知っている状況なんて、まずあり得ないのです。もし、可能性があるとしたら、それはこれから新しく生まれる言葉だけ。

だから、そんな幻想は持たずに、複合キーワードだろうが、月間検索数が少なかろうが、「これは繁盛キーワードだ！」と感じる「嗅覚」を養ってほしいのです。

それには、週に1回でも、月に1回でもいいので、アクセス解析を見てください。あなたのホームページには、どんなキーワードで訪れる人がいるのか？　を感覚ではなく、目で見て確認することで、この勘が養われていきます。

難しいと思った方もいるでしょうが、これは繁盛サイトを目指すなら知っておかなければならない基礎知識。知ってて当たり前のことです。

でも、勘違いしないでください。肝心なのは、繁盛キーワードを見つけることではなく、**「見つけた繁盛キーワードをいかに使うか？」**です。

「これは儲かりそうなキーワードだ！　ラッキー！」

この段階で終わっちゃう人、いっぱい見てきました。キーワードを見つけることはできるけど、そこでおしまい。キーワードを見つけること自体が目的になってしまっているのです。

では、繁盛キーワードをどのように使えば、本当に儲けることができるのでしょうか？　その答えは、次に紹介する、ＬＰＯツールを活用した「**キーワードターゲティング**」にあります。

キーワードターゲティングで繁盛サイトを目指しなさい

キーワード1つ1つに訴求できる

「**キーワードターゲティング（検索キーワード連動）**」は、52ページで紹介した「どんな検索キーワードで来たのか？」を条件とした、シンプルなLPOです。

訪問者の検索キーワード（流入キーワード）によってコンテンツを差し替え、目的に合ったページへ誘導。直帰率の改善、コンバージョンアップを狙うのが基本形です。誰にでもすぐに始められ、効果が出やすいのがメリットといえるでしょう。

アクセス解析をすると、多種多様な検索キーワードで訪問者が流入してくることに気がつきます。月間1万PV程度の弱小ホームページでも、何十、何百種類。10万、100万PVとなると、それこそ膨大な種類になります。

これらを文字列として捉えるとピンときませんが、お客様が、「私はグッチの財布が欲しい！」、「私はエルメス！」、「私はブルガリ！」と口にしながらお店に入ってくる光景をイメージしてみてください。リアルにそんな光景に出くわすと、ちょっと怖いですが、これは、ホームページというネット上でリアルに起きていることなのです。

販売員としては、「お客様、グッチの財布はこちらです」、「エルメス取り揃えていますよ」と声をかけるのは当然のことですよね。

検索「グッチ　財布」、「エルメス　バーキン」、「ブルガリ　時計」。ホームページの目立つ箇所に、各々のリクエストにマッチしたバナーを表示させる。

これを**完全に自動化するのが、ＬＰＯツールの役割**なのです。

ＬＰＯツールが便利なのは、検索キーワードが多岐にわたるからです。同じ「価格重視」でも、人によって「安い」、「格安」、「爆安」、「お得」のように打ち込むキーワードが変わってきます。それらをＬＰＯツールでまとめて設定しておくことで、検索キーワードの中にそれらの単語が含まれていた場合に、価格訴求用バナーを表示させる……といった施策ができるのです。

では、実際にはどのような流れで「繁盛する仕組み」を作り上げるのでしょうか。オーソドックスなキーワードターゲティングの設定を解説します。

LPOツールによるキーワードターゲティング

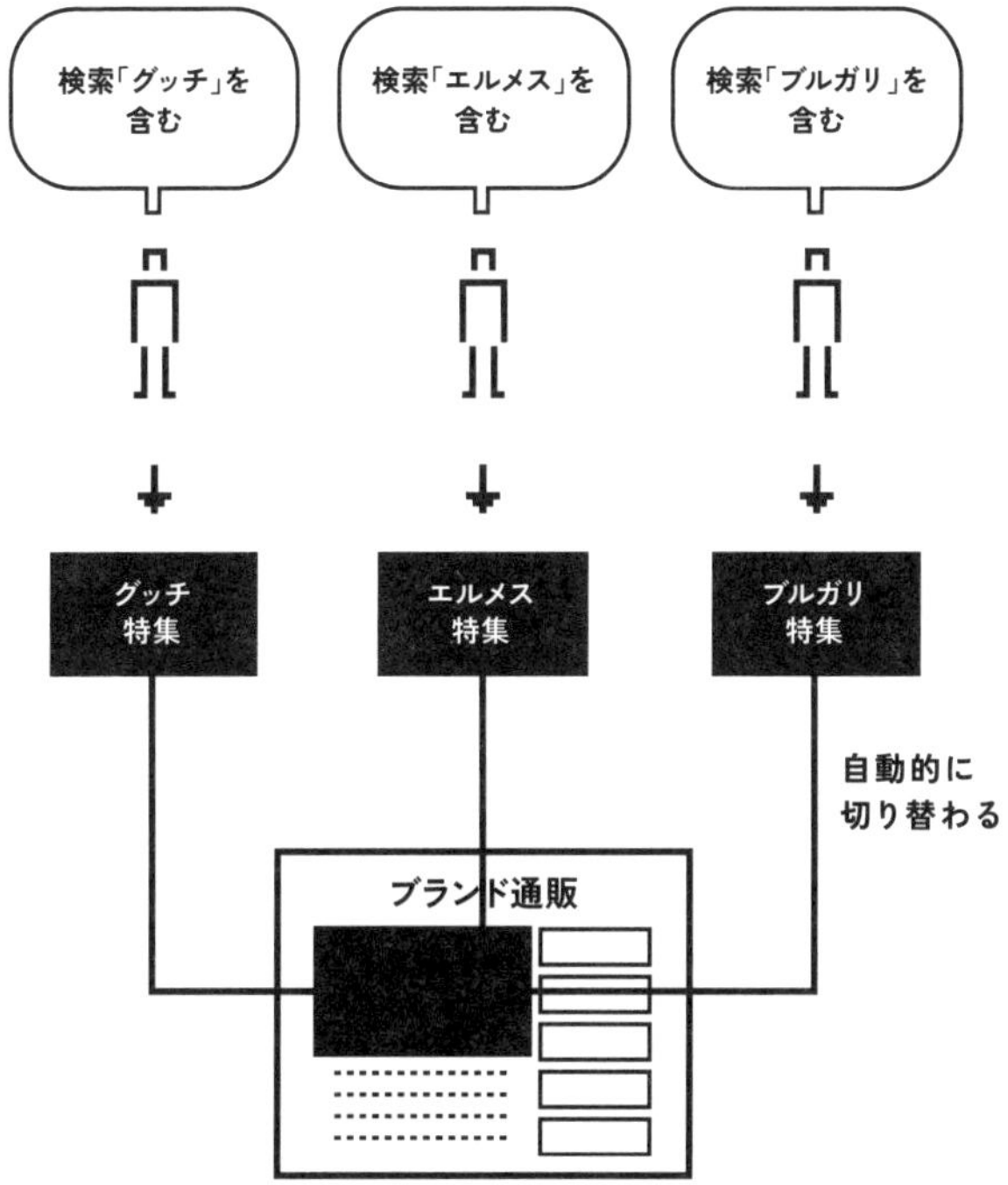
検索「グッチ」を含む
検索「エルメス」を含む
検索「ブルガリ」を含む
グッチ特集
エルメス特集
ブルガリ特集
自動的に切り替わる
ブランド通販

流入キーワードにより、
自動的にバナー画像をチェンジして
直帰率を下げる。

1．キーワードを選ぶ

ステップ1は、キーワード選びです。

今から狙ったキーワードでSEO対策を施し、上位表示されるのを待つというのでは、時間がかかってしまいますし、上位表示される保証もありません。本音としては、繁盛キーワードにリスティング広告をドドッと出稿する方法をお勧めしたいのですが、はじめの一歩ということで、「すでに検索されているキーワード」から選んでみましょう。

基本は、PART1の「手間ヒマかかるLPO」の前半と同じです。

アクセス解析を見て、トップページの流入キーワードをチェックしてください。万が一、アクセス解析を設置してなかったり、利用中のアクセス解析ではページごとの流入キーワードがわからないようなら、アクセス解析ツールの定番「Googleアナリティクス」（無料）を設置して、1カ月ほど放置してください。なぜ1カ月待つのかというと、残念ながら「Googleアナリティクス」は過去に遡って解析できないからです。

アクセス解析はしていないが、とにかくLPOを始めたいという方は、流入キーワードを予想してもかまいません。会社名や商品名でもいいでしょうし、先に解説した繁盛キーワードを採用しても、もちろんOKです。

次に、ズラッと並んだ流入キーワードをカテゴリ分けしていきます。PART1の胡蝶蘭専門店の場合、4つのカテゴリに分けました。覚えていますか？

●配送重視……通販、配達、宅配

●価格重視……価格、安い、送料

●用途重視……ギフト、祝い、プレゼント

●栽培重視……育て方、手入れ、植え替え

「栽培重視」のキーワードについては、購入意欲はあまりホットではなさそうなので、残りの3つに絞ってしまいましょう。

2．クリエイティブを作る

クリエイティブとは、ホームページのバナー画像やFlashコンテンツのような制作物のことです。広告業界やウェブ業界では、日常的に使われる用語です。

「配送重視」、「価格重視」、「用途重視」それぞれの訪問者を訴求するバナー画像を作ってみましょう。せっかくなので、トップページのメイン画像もしくはページ左最上部の目立つ箇所に置く画像を作ります。

ポイントは、ずばり「直球勝負」。キーワードそのものをキャッチコピーに含め、それに関連する写真素材等で訴求していきます。

●**配送重視……「日本全国翌日配送！　梱包のプロがいる胡蝶蘭専門店」**

●**価格重視……「送料無料！　専門店ならではの安心価格が喜ばれています」**

●**用途重視……「明日のプレゼントにも間に合います！　胡蝶蘭のギフト、お祝いのことは専門店にお任せください」**

余裕があれば、カテゴリごとではなくキーワードごとにクリエイティブを用意すると、より高い効果が見込めます。

真面目な方ほど、ここで1つの病気にかかります。「あれも入れたい、これも入れたい病」という名の病気です。せっかくカテゴリ分けしたのに、配送重視のクリエイティブに「送料無料！」を入れたがり、用途重視のクリエイティブに「安心価格」を入れたがるのです。これでは、何のためのLPOツールかわかりません。

その訪問者に伝えるべきポイントだけに絞る。

一点突破！　これを貫くには少し勇気が必要ですが、いつまでも「万人受け」という考えにとらわれていては繁盛サイトに成長するわけがありません。

3. LPOツールに設定する

LPOツールの設定はサービスごとに違います。マニュアルやヘルプを参考に設定しましょう。

それでもわからなければ、サポートやコンサルティングメニューがないか調べ、依頼してみるといいでしょう。ツール設定後の動作チェックは忘れないでください。

● **ココマッチLPO　http://www.cocomatch.jp/**

ココマッチーが提供する、シンプルなLPOツールが「ココマッチLPO」です。基本的なターゲティング機能を盛り込みながらも、法人・個人を問わず月額5250円（税込）から初期費用無料で利用できる手軽さが売り。極力、導入コストを抑えたい場合や、はじめてLPOツールを利用する企業にお勧めです。

● **Gyro-n LPO　https://www.ubicast.com/gyro-n/ja/lpo/**

テクノロジーベンチャー企業、株式会社ユビキャストが提供する高機能なLPOツールです。大手企業の導入事例が豊富で、技術力と信頼度は抜群。本格的な行動ターゲティングを実践したい企業や膨大なアクセス数を誇るホームページにお勧めです。

キーワードターゲティングの活用アイデア

最後に、キーワードターゲティングのちょっと変わった活用法を紹介します。

チラシやDMからホームページへ誘導するために、紙面に特定のキーワードを記載する方法は定番となっていますが、これにキーワードターゲティングを使うのです。

普通には検索されないキーワードを書いておけば、チラシを見た人だけに向けたクリエイティブで訴求できるという寸法です。

例えば、会社名や商品名で検索する人は多いので、「会社名や商品名」＋「特別プレゼント」というキーワードを紙面に出します。そのキーワードで流入した人には、「書籍購入者限定プレゼント！」として、何かしらの特典をプレゼントするようにしておくこともできます。

こういった**特別感の演出も、コンバージョンアップには欠かせない**ものです。

リスティング広告の費用対効果を上げる7つのツボ

自社に合ったCPAを把握していますか？

ホームページにアクセスを集める方法として、今や「リスティング広告」は欠かせない存在です。狙ったキーワードで上位表示されなくても、広告費をかけることで検索結果画面に自社の広告文を出せるのですから、やらない手はありません。

入札価格を高く設定すれば、SEO対策に成功しているホームページよりも目立つ位置に陣取り、より多くのアクセスを集めることができるのです。

とはいえ、月間検索数10万回を超えるようなビッグキーワードやコンバージョンに結びつきやすい繁盛キーワードの中には、1クリック1000円を超えるようなものも珍しくありません。1000円までいかなくても、そこそこ検索数がある繁盛キーワードなら200～300円が相場です。

例えば、CVR1・0％のホームページがあったとします。1・0％ということは、

100人に1人がコンバージョンするということですから、平均CPC（コストパークリック、1クリック当たりのコスト）が200円とすると、CPA（コストパーアクション、1コンバージョン当たりのコスト）はいくらになるでしょうか？

この場合、CPAは2万円ですね。つまり、1人の訪問者に購入なり資料請求なりしてもらうのに2万円のコストがかかるという計算になります。あなたは、この金額をどう思いますか？

「高い！」

こう思った方もいると思いますが、適正なCPAは客単価によって変わってきます。1500円のシャツを買ってもらうのに2万円かけては大赤字ですが、30万円のコートが売れれば大儲け。**重要なのは、自社に合ったCPAをきっちり把握しておくこと**です。

私のクライアントのIT企業はリスティング広告に力を入れていますが、CPAは2万5000円です。これだけ聞くと、「高い！」となるでしょうが、毎月継続して3000円以上の利用料がいただけるサービスなので、9カ月で元がとれます。

しかも、利用者は平均して3年半継続するというデータがあるので、CPA

CVR（コンバージョンレート）とは？

CVR：訪問者がコンバージョン（商品購入、資料請求等）する確率

＝

コンバージョン数 ÷ 訪問者数 × 100

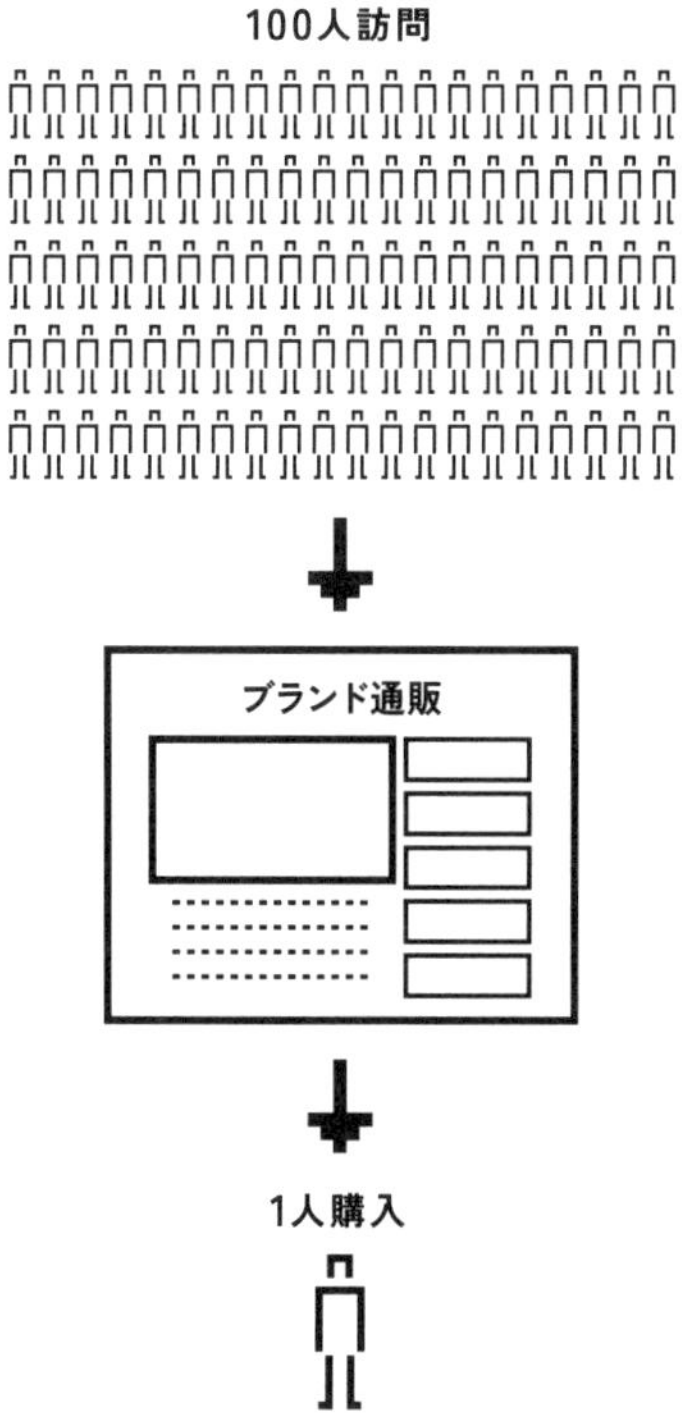

CVR = 1 ÷ 100 × 100 = 1%

リスティング広告をやるなら最低限把握しておきたい数値

[CTR（クリックスルーレート）
＝クリック回数÷広告表示回数
×100]

[CPA（コストパーアクション）
＝広告費÷購入者数

CPC（コストパークリック）
＝広告費÷クリック回数]

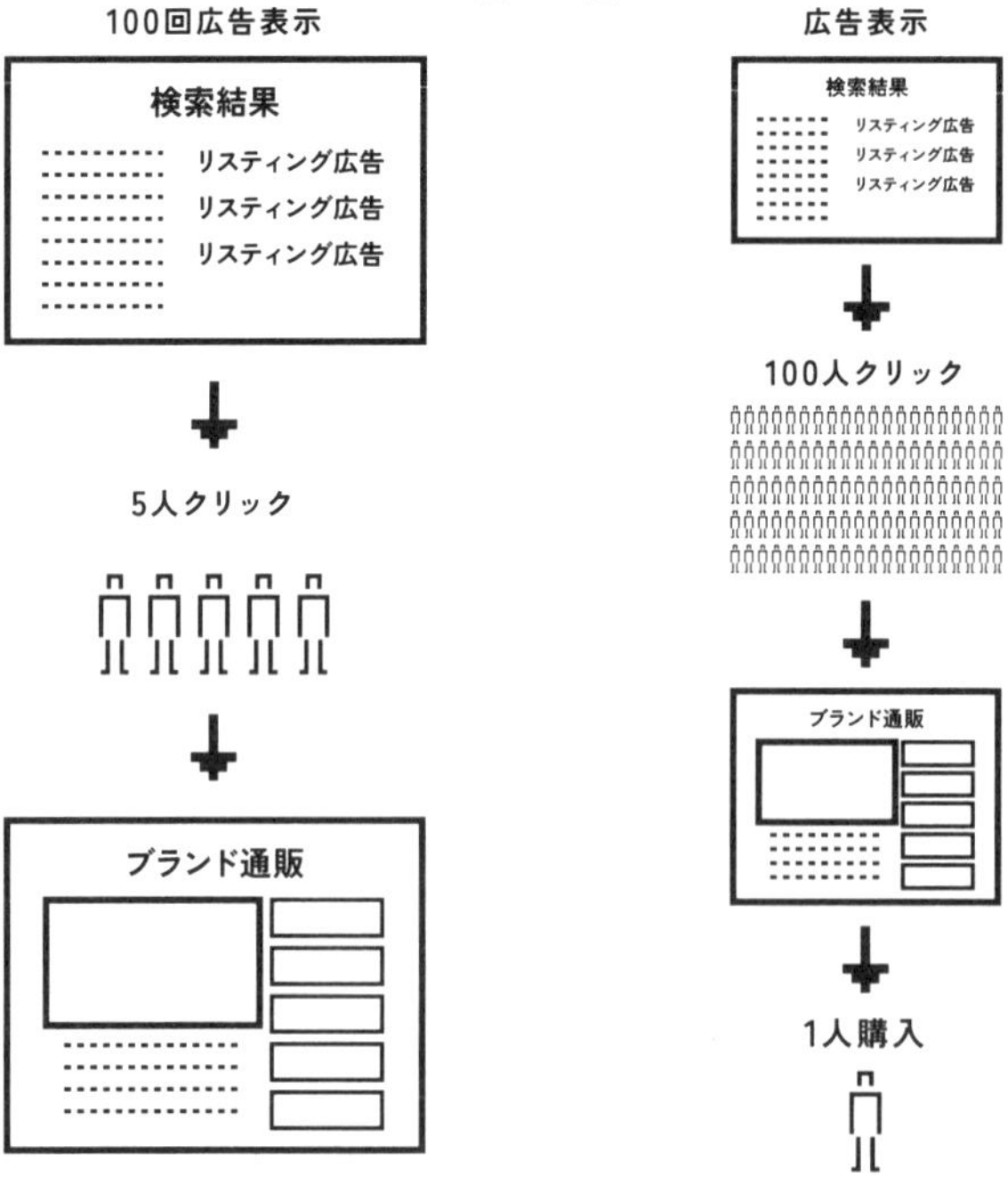
100回広告表示
検索結果
リスティング広告
リスティング広告
リスティング広告
5人クリック
ブランド通販
CTR ＝ 5 ÷ 100 × 100 ＝ 5%
広告表示
検索結果
リスティング広告
リスティング広告
リスティング広告
100人クリック
ブランド通販
1人購入
CPC＝平均200円／1クリックの場合……
CPA＝クリック数×CPC
÷コンバージョン数＝20,000円

2万5000円で十分なのです。オプションサービスによる客単価アップもありますから。

あるスクールのCPAは4万円を少し超えますが、30万円という入会金から考えると約13％の広告費となり、費用対効果はかなりいいのです。競合の多くはリスティング広告に二の足を踏んでいるため、携帯サイト経由でかなりの成果を上げています。ちなみに、この会社は年間1億円近い予算をリスティング広告に投入しています。

リスティング広告の費用対効果を上げる7つの手法

いつまでも、「ネット広告＝安い」という幻想から離れられず、リスティング広告で勝負できない方は、こういった計算ができていないのです。

- **リスティング広告のCTR（クリックスルーレート、クリック率）は5％**
- **ホームページのCVRは1％**

これが基準値です。固有名詞であれば、CTRは10％を狙えます。資料請求であればCVRは、2％以上を狙えます。

私自身、あるキャンペーンサイトで20％超のCVRを叩き出したこともありますが、これは例外中の例外。通常、この基準値が大きくブレることはありません。ようするに、1クリック100円のキーワードに入札すれば、どうしたってCPAは1万円にはなってしまうのです。

なぜ、こんな話をするのかというと、多くのホームページは「基準値＝合格ライン」に達していないからです。

●リスティング広告のCTRは1％

●ホームページのCVRは0・2％

基準値の5分の1。これが現実ではないでしょうか。それゆえに、リスティング広告を出してもアクセスを集められないし、せっかく集めたわずかな訪問者も逃げてしまうのです。そして、広告出稿を止めてしまう。

では、こんな悲しい状況を打開するにはどうしたらいいのでしょうか？

CVRについては、この本のメインテーマであるLPOで改善できますが、リスティング広告の改善についても触れておきます。

1つは、**あまり開拓されていない繁盛キーワードを探すこと**です。複合キーワードであれば、未開拓の繁盛キーワードはたっぷり埋もれています。

先に紹介したツールを活用して、キーワード候補を探しましょう。おいしそうなキーワードをいくつかリストアップしたら、実際に検索して何社が広告を出しているか確認してみてください。リスティング広告の管理画面で、入札価格による表示順位や表示回数、クリック数の予想を見ることができますが、どんな企業が入札しているか知っておくことも必要です。

広告主が10社以下ならチャンス。3社以下なら、迷う必要はありません。低い入札価格でも、ナイスポジションを獲得できますから。

もう1つは、**リスティング広告の見直し**です。ここから、リスティング広告の費用対効果を上げる実践的な手法を7つ紹介していきます。ぜひ、参考にしてください。

1. キーワードターゲティングを併用する!

LPOツールの機能の1つ「キーワードターゲティング」は、リスティング広告でも動作します。「胡蝶蘭　安い」で検索したユーザーが、上位表示されたホームページではなく、広告文をクリックした場合にも、価格訴求のクリエイティブを表示させることができるのです。

①繁盛キーワードにリスティング広告を出す
②検索キーワード連動で、訴求力の高いクリエイティブを表示させる

これがリスティング広告の費用対効果を上げる、「新・王道パターン」というわけです。訪問者によって異なるクリエイティブで訴求するパーソナライズ戦術は、繁盛サイトの必須条件になりつつあります。

検索キーワード連動で迷ったときは、「キーワードそのものを見せる」手法がお勧めです。「胡蝶蘭　安い」であれば、メインバナーのキャッチコピーを、「安い胡蝶蘭をお探しなら～」とする。「胡蝶蘭　ギフト」なら、「胡蝶蘭のギフトをお考えなら～」。検索キーワードとキャッチコピーの連動は、シンプルながらも高い効果が見込めます。

ただし、商品のカテゴリ数が多く、各カテゴリのトップページが作り込まれているのであれば、無理に検索キーワード連動を使う必要はありません。リスティング広告もパワーアップしているので、広告文によってリンク先を変えることができるからです。「シャツ」というキーワードが入っていたらシャツのトップページへ、「コート」というキーワードが入っていたらコートのトップページへ誘導してはいかがでしょうか。

カテゴリ別に検索キーワードを連動させ、訴求力の高いクリエイティブを表示しよう

［ 価格重視のバナー例 ］

安い胡蝶蘭をお探しなら
24,800円
19,800円
胡蝶蘭販売の●●

［ 配送重視のバナー例 ］

胡蝶蘭のギフトをお考えなら
大ぶり胡蝶蘭を翌日配送
19,800円
胡蝶蘭販売の●●

検索キーワードをずばり見せることで
直帰率は劇的に改善する。

2．繁盛キーワードをそのまま入れる！

リスティング広告のＣＴＲを上げるには、広告文の見直しが効きます。基本中の基本ですが、広告文には広告出稿したキーワードを入れてください。広告文に含まれる検索キーワードは太字で強調されるので目立つという理由もありますが、そもそもキーワードが含まれていない広告なんて、見向きもされません。できれば、広告タイトルと広告文の両方に入れるといいでしょう。

広告管理が中途半端な会社は、さまざまな属性のキーワードに同じ広告文を設定しがちです。価格重視のキーワードなのに、広告タイトルは「こだわりの胡蝶蘭」。用途重視なのに、「こだわりの胡蝶蘭」。配送重視なのに、「こだわりの胡蝶蘭」。

わざわざ、お客様が何を望んでいるのか教えてくれているのですから、「こだわり」なんていう抽象的な文言は、本日限りでストップです。

配送には配送。価格には価格。用途には用途。

もっと、広告文にこだわりましょう。小さな積み重ねが、費用対効果アップにつながるのです。

3．希少性、限定性をアピールする！

「先着50名様」、「限定100セット」、「残り3日間」、「9月21～23日の3日間」、「おひとり様5個限り」等、希少性や限定性を訴求する販売戦略やコピーは、やっぱり効果的です。これについては、古いとか使い古されたとかは関係ありません。

「限定」というキーワードが検索されるときは、「Gショック　限定」や「ドラえもん　DVD初回限定」のように固有名詞とセットになるので、なかなか繁盛キーワードにはなり得ませんが、希少性や限定性を広告文で訴求すると効果は抜群です。

無償で資料請求やお試しセットを提供しているのであれば、必ず「無料」というキーワードを入れましょう。「無料」も永遠の繁盛ワードです。

4．広告文を差別化する！

リスティング広告の広告文面のクオリティは年々上がっています。広告出稿者向けのサポートメールやウェブサイトで、効果的な広告文の書き方や出稿方法を学ぶことができるからです。

Yahoo!リスティング広告のウェブサイトでは、無料の動画セミナーが公開されています。リスティング広告を代行する会社や自動管理ツールの出現も見逃せない要素でしょう。

そのおかげか、妙な現象を見かけるようになりました。似かよった広告がズラッと並ぶ珍現象です。「ホームページ　制作」で検索すると、「ホームページ制作なら」、「ホームページ制作なら」、「ホームページ制作なら」……。

これでは、「制作はプロだけど、ウェブマーケティングは素人です」と教えているようなもの。「キーワードを広告文に含める」という定番を、バカ正直に守った結果がこれです。

あなたが選んだ繁盛キーワードで実際に検索し、広告文を目視した上で、他社の広告に埋もれないタイトルと文面を考えましょう。その違いがユーザーの視線を引きつけます。

繁盛キーワードを活かすには、「繁盛広告」が欠かせないのです。

弊社LPOツール「ココマッチLPO」のホームページにも、もちろんリスティング広告をかけています。当初は他社ツールと同様、機能や料金をうたった文面で掲載していましたが、CTRは1％未満。散々な結果でした。

翌月、「どんな人にこのツールを使ってほしいのか」を考え直したところ、こんなコピーが思い浮かんだのです。

広告文を差別化してCTRを劇的に変えよう

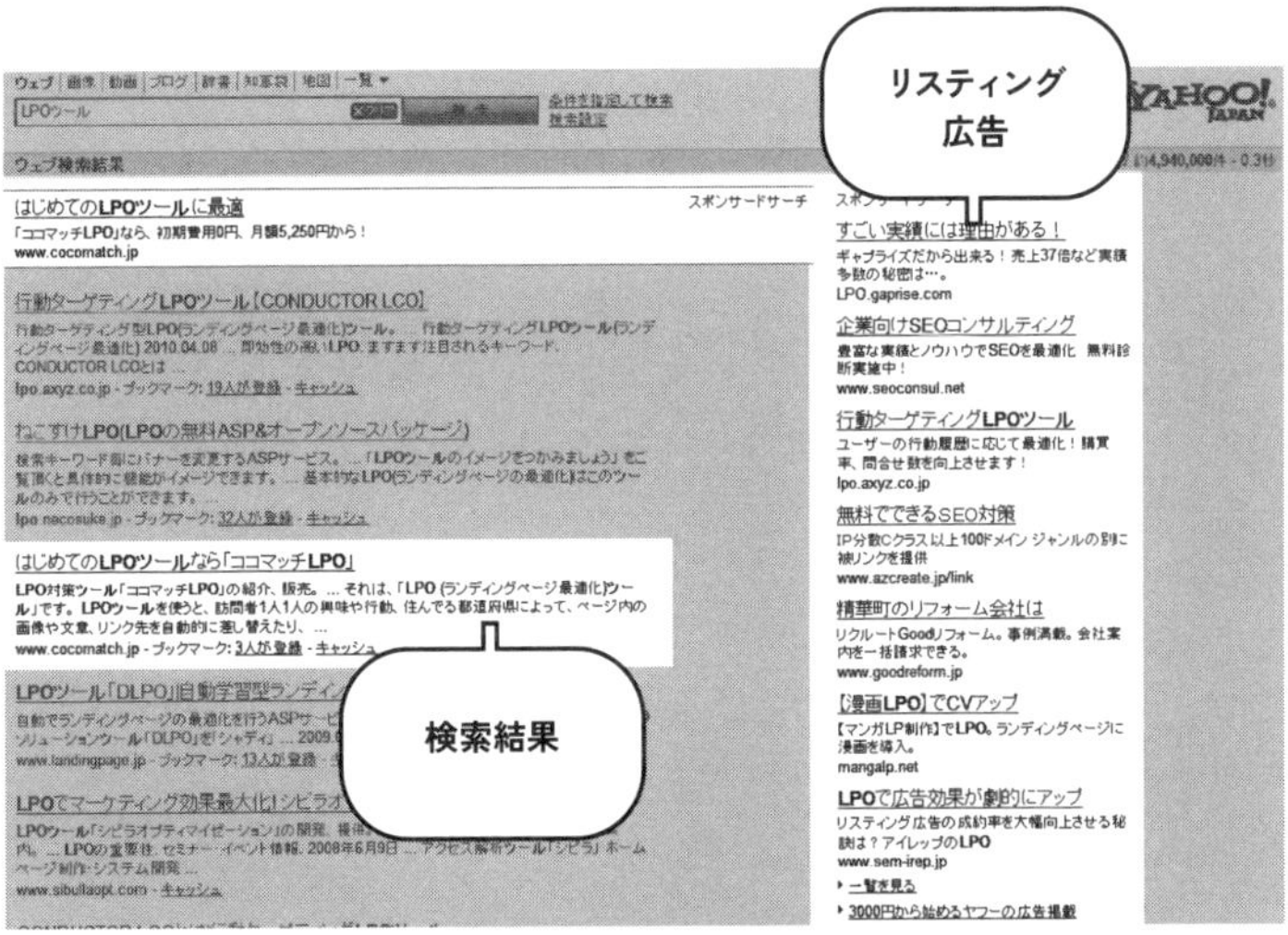

検索結果に上位表示されていても、
コンバージョンに結びつく繁盛キーワードには
リスティング広告をかける。

「はじめてのLPOツールなら」

広告タイトルを変更したところ、ＣＴＲが４％以上に跳ね上がったのです。ＣＴＲが低いまま放置すると、必然的に広告コストは低くなります。

実は、ここが落とし穴なのです。クリックされなければ意味がないにもかかわらず、無意識にＣＴＲの改善を怠ってしまう心理的な罠には気をつけてください。

5．シーズン需要を読む！

月間検索数だけでキーワードを見ていると気づきにくいのですが、キーワードの中には、季節によって検索数が大きく変わるものがあります。

「ゴールデンウィーク　国内旅行」は、２月下旬からゴールデンウィークまで。「花火　大会」は、６月中旬から８月下旬まで。キーワードそのものに季節性がある場合は、簡単に検索数が多い月を予想できます。

予想がつきにくいキーワードでも、「Google Insights for Search」を使えば、簡単に調べることができます。「ウイルス対策ソフト」は秋以降上昇し、12月末がピーク。「ピザ　宅配」は、12月中旬から正月にかけて検索数が激増するといった傾向がわかるのです。

検索数が多いということは、需要が高いということです。その時期にリスティング広告の予算を多く分配し、広告文をマッチさせることで、広告効果を高めることができるのです。

「おせちに飽きたら○○ピザ」のように、季節感のある広告文にすると、一層効果的です。

6．固有名詞に広告を出す！

社名や商品名といった**固有名詞＝繁盛キーワード**だとわかっていない企業は案外多いようです。わかっていても、徹底して繁盛キーワード扱いしてるかどうかは別問題。気づかぬうちに機会損失が発生してるケースがあります。

最悪のケースは、社名や商品名で検索しても検索で1位表示されないこと。同じ名称が多い会社や、社名と他社の商品名が同じケースも考えられますが、そんなときこそリスティング広告を活用したいものです。

固有名詞であれば最低入札価格で入札できるでしょうから、ケチケチしないでください。検索「株式会社○○」で1位に出ないことを恥だと思って取り組むべきです。

チェーン展開する寿司屋の仕事でこんなことがありました。

「フェレットプラス」でキーワードを調べてみると、チェーン名単体の検索は意外に少なく、「チェーン名＋地域名」がズラッと並んだのです。しかも、「埼玉」や「神奈川」のように都道府県レベルではなく、「武蔵小杉」や「吉祥寺」のような市町村レベル。それらを全て足すと、相当の月間検索数でした。

ところが、「武蔵小杉　チェーン名」で検索して表示されるのはグルメ検索サイトばかり。公式サイトはベスト10にすら入っていなかったのです。

「地図や営業時間はグルメ検索サイトで調べられるので気にしなくていい」という意見もあるでしょうが、本当にもったいない話です。

ベストはSEO対策で1位表示させることですが、リスティング広告をちゃんとかけておけば、即日対策が完了します。自社サイトに誘導できれば、会員登録してもらうこともできるし、公式サイトの特製クーポン券を使ってもらうこともできるのです。グルメ検索サイトで他の寿司屋にお客様をとられることもなくなります。

固有名詞、大事です。

7. 品質インデックスを上げる

「品質インデックス」（品質スコア）とは、あなたが出稿するリスティング広告に対する評価です。この数値は、広告のCTRやリンク先ページとの関連性等の要素で決まり、評価が高くなると入札価格が低くても上位に掲載される可能性が出てきます。同じ入札価格で上位表示されるかもしれないのですから、品質改善しない手はありませんよね。

王道は、とにかく広告文のブラッシュアップです。先に紹介した、広告文の差別化や希少性、限定性のアピール等でクリック率アップを狙ってください。

もう1つのポイントは、キーワードの属性によって広告グループを細かく分けることです。品質インデックスは広告グループごとに付与されるので、クリック率の低いキーワードを別のグループに分けることで、品質を維持することができます。

ただし、クリック率ばかりに気をとられてはいけません。矛盾するようですが、リスティング広告の目的はアクセスを集め、最終的にはコンバージョンさせることです。コンバージョンにつながらない広告、キーワードを見切ることも費用対効果改善には必要です。

Yahoo!やGoogleは、とにかくクリックしてもらったほうが儲かるビジネスモデルなのですから、バカ正直にアドバイスに従うのはNGなのです。

検索キーワードにまつわるエトセトラ

検索キーワードから繁盛のヒントが見つかる

1．アクセス解析で見つける繁盛キーワード

繁盛サイトになるためには、繁盛キーワードを見つけることも大切ですが、逆の視点も持つべきです。

それは、**「繁盛に貢献しているキーワード」**を見つけるという視点です。

ある弁護士事務所は、「遺産分割」というキーワードでSEO対策をしました。競合の多い「遺産相続」はあえて回避し、それ一本に絞ったおかげで、さほど苦労することなく10位以内をキープしていたのです。

ところが、コンバージョンは芳しくありません。ホームページ経由では、年に1〜2件しか相談者（有料）を獲得できなかったのです。

そこでまずは、基本的なLPO対策を実施しました。ファーストビューのブラッシュアップ、顔写真の掲載、プロフィールの書き直し、事務所地図の作り直し等を丹

アクセス解析から繁盛キーワードを見つけよう

	キーワード　なし	セッション	お問い合わせ	無料トライアル	無料レポート	コンバージョン率↓	平均コンバージョンバリュー
1	lpo　パートナー募集	1	100.00%	0.00%	0.00%	100.00%	¥3
2	テキストバナー広告	1	0.00%	0.00%	100.00%	100.00%	¥30
3	モバイル　地域　ターゲティング	1	0.00%	0.00%	100.00%	100.00%	¥30
4	株式会社ココマッチー	1	100.00%	0.00%	0.00%	100.00%	¥3
5	マクドナルド　ココマッチ	4	25.00%	25.00%	25.00%	75.00%	¥16
6	lpoツール　oem	3	50.00%	0.00%	0.00%	50.00%	¥2
7	キーワードの見つけ方	3	0.00%	0.00%	50.00%	50.00%	¥15
8	ecサイト　lpo	6	0.00%	16.67%	0.00%	16.67%	¥5
9	川島　ココマッチ	6	0.00%	0.00%	16.67%	16.67%	¥5
10	川島　ここマッチ	7	0.00%	0.00%	14.29%	14.29%	¥4
11	cocomatch	10	0.00%	0.00%	10.00%	10.00%	¥3
12	川島　康平	13	0.00%	0.00%	7.69%	7.69%	¥2
13	lpo対策	17	0.00%	5.88%	0.00%	5.88%	¥2
14	ココマッチー	177	2.26%	0.00%	3.39%	5.65%	¥1
15	株式会社ココマッチー	60	1.67%	0.00%	3.39%	5.00%	¥1

念に行なったところ、月に1～2件のペースで相談が来るようになりました。もちろん、全て遺産関連の相談です。

それから数カ月……アクセス解析の結果から、ある事実が判明しました。

コンバージョンした訪問者の100％が、「遺産分割」というキーワードではなく、「遺産　弁護士　東京」というキーワードで流入した方だったのです。この複合キーワードは、月間検索数がデータ不足で調べられないほどのマイナーキーワードですが、このサイトにとっては、「超・繁盛キーワード」だったのです。

その後、このキーワードでもSEO対策とリスティング広告を実施。LPOとの相乗効果も働き、今では週1件のペースで相談者が訪問してくるまでになりました。

「繁盛に貢献しているキーワード」は、アクセス解析ツールで簡単に調べることができます。Googleアナリティクスの場合、プロファイルの「目標」という欄を設定するだけで、把握できるようになります。3分もあれば設定できるので、まずはここから始めてみましょう。

2．急上昇ワードとのつきあい方

テレビ番組やニュースの影響で、**突如、検索数が増加するキーワードが「急上昇**

ワード」です。「Yahoo!検索ランキング」（http://searchranking.yahoo.co.jp/）や「ｇｏｏランキング」（http://ranking.goo.ne.jp/）で、日々公開されています。

急上昇ワードのほとんどは固有名詞で、1～2日ですぐに急降下してしまうため、ＳＥＯ対策やリスティング広告でうんぬんというわけにはいきませんが、世間の関心を数値で知ることができます。「ファストファッション」のように、定番キーワードに化けるものもあるので、日々チェックしてみてください。

ちなみに、ブログの記事に困ったら、急上昇ワードをネタに書くと、「ブログ検索」経由でアクセスが集まります。注目の商品に関する記事を書き、アフィリエイトをかけておけば、お小遣い稼ぎも可能です。

3．ミスキーワードを侮るなかれ

ミスキーワードとは、読んで字の通り「間違ったキーワード」です。わざわざ間違ったキーワードで検索する人はいませんが、うっかり間違う人は相当数います。

例えば、芸能人の「柴咲コウ」さんの月間検索数は12万７９５９回ですが、ミスキーワード「柴崎コウ」は2万８４０４回。「木村拓哉」さんのミスキーワード「木村拓也」は1万３７９１回も検索されているのです。

固有名詞であれば、さほど問題なさそうに思いますが、会社名が英字の場合や漢字が読みにくい場合は、最低限の対処をしておくと安心です。

「株式会社Inspiration Consulting」という会社名の場合、「インスピレーションコンサルティング」という読み方（カタカナ）を、ホームページのタイトルや本文内に含める。「九十九出版」の場合、「つくもしゅっぱん」に加え、「きゅうじゅうきゅうしゅっぱん」でも検索されるように仕組んでおくのです。

PART 4

ところ変われば
エリアターゲティング

ズバリ！
あなたは
北海道にいますね。

あなたのサイト、本当に全国展開していますか？

「ホームページを作るということは、全国にチェーン展開するようなものです」

これは、ホームページ制作会社が営業で使う常套句ですが、半分正解で半分間違っています。ホームページを1つ作れば、日本全国どこからでもアクセスしてもらえる点では正解といっていいでしょう。日本どころか世界中から訪問者はやって来るので、販路は拡大できます。

問題は、「全国から訪れる人々に、同じ営業をしている」という点です。郵便番号で14万カ所にも分けられる国なのに、営業所はたった1つしかないのと同じ状態なのです。

ある冬の日、札幌の最高気温は2度、那覇の最高気温は24度でした。これだけ気候が違う地域の人々に、ホームページで同じ「ボア付きコート」を売り込んでいる。この状況を、あなたは正解だと思いますか？　これで、「全国にチェーン展開してる」といえるのでしょうか？

あなたがセレクトショップの経営者になった姿を想像してください。ある年の12月、札幌と那覇に支店を出すことになりました。各店、品揃えはどうしますか？

A：札幌と那覇、まったく同じラインナップにする
B：札幌と那覇、それぞれの気候に合った商品を揃える

もちろん、「B」ですよね。札幌ではコート、那覇では一足お先にTシャツを目玉商品にしてオープニングセールを開催したいものです。

このような、「地域」という要素をホームページの販促に取り入れるのが、「**エリアターゲティング**」です。「地域ターゲティング」や「ジオターゲティング」と呼ばれることもあります。

「都道府県」や「地域」を条件にした、このターゲティング技術を使えば、北海道からアクセスしてきた人にはコートを訴求し、沖縄からアクセスしてきた人にはTシャツを訴求できます。これぞ、全国チェーンならではの強みであり、醍醐味です。

ちなみに、都道府県や地域は、訪問者のIPアドレスという情報から判別します。導入にあたり、サイバーエリアサーチ等が提供する「IPアドレス位置情報データベース」を直接利用することもできますが、エリアターゲティングに対応したLPOツールを使うほうが一般的です。LPOツールなら、導入コストや技術的な敷居を大

幅に下げることができます。

ホームページを本当の意味で全国展開できるという理由から、繁盛サイトにはなくてはならない手法として、エリアターゲティングの導入企業が増えています。

この章では、エリアターゲティングによる新しいウェブ販促手法や活用事例を紹介していきます。ボーダーレスのインターネット上で、あえて地域を意識することで、「どこからでも購入できる」というメリットを最大限に活かした戦略を生み出すことができます。

この恩恵を受けられるのは、ネットだけでサービス展開している会社に限ったことではありません。ネットだけでは完結しない、リアルビジネスを展開している会社こそメリットを享受できます。

スーパーマーケットやエステサロン、病院や士業等々……限られた商圏で勝負する業種が、ホームページにおいても商圏を絞ることで、訴求力の高いキャッチコピーを見せたり、無駄な広告費を減らすことができるのですから。

エリアターゲティング繁盛指南

エリアターゲティングでCVRアップ！

エリアターゲティングは、訪問者の「地域」と連動したターゲティング手法ですが、「地域」というものは、距離が離れているという物理的な違いだけではありません。

1．ところ変われば「気候」が違う

同じ日本といっても、地域によって気候は大きく違います。「札幌と那覇」のような極端な例を出さなくても、関東地方と東北地方、関西地方と北陸地方だって、その差は大きいものです。

桜前線は例年3月に沖縄からスタートし、2カ月かけて北海道までたどり着きます。紅葉前線は9月に北海道からスタートし、10月末に九州へ上陸します。気候には、それだけの違いがあるのです。

気候が違えば、「そのとき」着るものが違います。食べたいものが違います。欲しいものが違います。つまり、需要が違います。

エリアターゲティングなら、その日、そのとき、その場所の需要に応えることができるのです。

「今週末が見頃のピーク！　お花見キャンプセット一式1万4800円より！」

桜前線とキャンペーンページへの誘導を連動させることで、タイミングの合った無駄のない訴求が可能です。

「今週末」などと、日時を絞ったキャッチコピーは、訪問者の心をくすぐります。桜の見頃情報はネットで簡単に手に入りますから、九州から北海道まで2カ月かけて北上する前線に合わせて、エリアターゲティングを設定するといいでしょう。

見頃が終わった地域には、次のイベントであるゴールデンウィーク情報をいち早く届けてください。

2．遠くにありて思うもの

北海道産の海産物やスイーツで大盛況なのが、各地の百貨店で開催される北海道展。「物産展」の中でも抜群の集客力があるので、頻繁に見かけます。

では、北海道展が開催される中でも、売上No．1の都道府県は、どこでしょうか？

答えは、「鹿児島県」です。

新宿や日本橋の有名百貨店を差し置いて、鹿児島の百貨店が全国で一番の売上を記録するのです。しかも、２００９年で9年連続1位というから驚きです。これは、北海道産の品を手に入れにくいのも理由でしょうが、「遠方への憧れ」も考えられます。「Google Insights for Search」で調べてみても、「北海道物産展」の検索ユーザーは、大都市圏に次いで、沖縄、鹿児島と続きます。

エリアターゲティングを活用すれば、訪問者の住む都道府県から遠い土地の商品を訴求することができます。

「日本で一番遠い島から、採れたてのウニを直送します」

北海道は利尻島で採れるウニのキャッチコピーです。このコピーが当てはまるのは、関西より西の地域になりますが、なかなかシャレてると思いませんか？　折込広告なら地域を絞って配布できるので違和感はないでしょうが、このような地域限定コピーは、今までのホームページではできなかった芸当です。

エリアターゲティングならではの、心に刺さるキャッチコピーを、ぜひ考えてみてください。

3. 日本人には、特に効く

同じ地方出身の2人が大都市で知り合うと、こんな会話が繰り広げられます。

「えっ⁉　あなたも福岡ですか。私は福岡市ですが、あなたは？」

「私は小倉です。小文字山のふもとに住んでいたんですよ。いや〜、うれしいですね」

福岡と小倉は新幹線で1駅分離れているし、方言も違います。なのに、東京に出てくると、「同郷」というククリに入れてしまいます。これが、「同郷意識」と呼ばれるものです。

同郷意識は特に日本人に強いといわれているので、積極的にエリアターゲティングに応用しましょう。

秋田県に住んでいる人が、通販サイトで2つのキャッチコピーを目にしました。どちらの和菓子屋を選ぶか考えてみてください。

「**全国配送！　和菓子の和田**」

「**地元秋田で10年続く和菓子屋です**」

答えは、書くまでもありませんよね。

同郷意識は、大都市圏より地方のほうが強いので、地方で商売してる方はチャンスです。地方では、ウェブマーケティングそのものが浸透していないので、やり方次第で「親の総取り」状態になれる業種は、いくらでも残されています。

4.「地域差」を補完せよ

ビジネス上、「地域差」が生じているのであれば、エリアターゲティングを便利に使うことができます。

全国展開している、ある学習塾は、講師の給料や家賃に差があるため、地域によって料金が違います。そのため、ホームページで料金をうたうことができませんでした。資料請求すれば料金はわかりますが、明朗会計は集客の武器になるので、この状況はあまり好ましくありません。

ここは、エリアターゲティングの出番です。

訪問者の都道府県によって、「料金表」ページの内容を差し替えることで、この問題を解決したのです。

ある士業の事務所は、ホームページのヘッダーに東京と大阪、2カ所の電話番号を掲載していました。ところが、大阪事務所が担当する地域の人が東京に電話をかけてくることが頻繁にあったのです。その度に、大阪事務所から折り返し電話してもらうという、本来なくてもいい業務が発生していたのです。当然、その逆もありました。

ここも、エリアターゲティングの出番です。

訪問者の都道府県によって表示される電話番号を差し替えることで、この問題を解決したのです。その結果、各事務所の業務が減っただけではなく、訪問者の「どっちにかけたらいいのか?」という迷いがなくなったことも、見逃せない改善ポイントです。

あるIT企業は、NTTのインターネットサービス「フレッツ光」の販売サイトを制作しました。「フレッツ光」は、東日本エリアと西日本エリアでサービス内容が異なります。そのため、トップページは訪問者を対応エリアごとのトップページに振り分けることが大きな役割となります。

当初は、日本地図をクリックさせたり、都道府県名をクリックさせることで振り分ける予定でしたが、「訪問者に負担をかけることなく正確に誘導できる」という理由から、エリアターゲティングを導入。47種類のバナー画像が、訪問者の都道府県に合わせて表示される仕組みをとっています。

「地域差」をエリアターゲティングで、こっそり補完する。これも、繁盛サイトのトレンドです。

訪問者の都道府県に合わせたバナー表示で、訪問者に負担をかけず正確に誘導できる

[長野県に住んでいるAさんのトップページ]

長野県 でご利用する場合は、
この画像をクリックしてください。
■■■■■あなたは東日本エリアです。

[宮崎県に住んでいるBさんのトップページ]

宮崎県 でご利用する場合は、
この画像をクリックしてください。
■■■■■あなたは西日本エリアです。

エリアターゲティングは、
訪問者の利便性を上げる「守り」の使い方もお勧め。

5．ひと味違うウェブキャンペーン

エリアターゲティングなら、地域を限定したキャンペーンを容易にホームページ上で展開できます。

「祝・埼玉県民の日　25％OFFクーポン券　特別ダウンロード」

県民の日に合わせて、埼玉県からの訪問者だけにダウンロード特典を用意。単にクーポン券を置くのではなく、このような意味ある限定キャンペーンにすることで特別感が高まり、自然とCVRは高くなります。お祭り等、地域性の高いイベントと連動した企画も楽しそうです。

「鹿児島店限定　一体型プリンタが1万7800円！」

店舗を絞ったお買い得情報を表示させることもできます。新聞の折込広告と連動させれば、ローコストで効果的なクロスメディア戦略が展開できます。

折込広告やポスティングも決して安い販促費ではありません。今や、多くのお客様がホームページで会社や商品を確認、裏づけをとってからアクションを起こす時代なのですから、費用対効果を高めるためにもホームページとの連動が必須なのです。

折込広告で潜在客に訴求し、情報量の多いホームページで欲求を顕在化、リアル店舗でクロージング。こんな流れを作り上げてください。

6. 店舗情報に気配りを

ここで、佐藤大輔が登場したPROLOGUEの、最後のタネ明かしをしたいと思います。

〝ホームページの横一列に並ぶメニューから、「店舗案内」のページを開くと、一番上には彼の住む福岡県の店舗一覧が表示されていた〟

ここまで読んだあなたなら、もうおわかりですよね。

そう。エリアターゲティングで、佐藤大輔が住む福岡県の店舗情報を表示させていたのです。これなら、すぐに最寄りの店舗を見つけることができます。他県の店舗を探す場合もあるでしょうが、県内の店舗を探す確率を考えれば、この気配りの効果は相当なものだと考えられます。もし、他県で探したいのなら、一覧表から選んでもらえばいいのです。

各地に店舗を構えている企業は、この気配り、おもてなしを積極的に取り入れてほしいものです。訪問者と同じ地域の店舗情報をトップページや各ページのサイドバーに表示させるだけで、「この店、近くにあるんだな」と思わせることができます。**この一瞬の認識が、積もり積もって大きなコンバージョンアップにつながるのです。**

LPOツールで
エリアターゲティングを狙う

［ 条件 ］

福岡県からのアクセス

［ 内容 ］

福岡県内の店舗情報を先頭で表示させる

店舗案内
福岡県店舗情報

意外に近くに
店舗があるんだな

コンバージョンまでに必要な
「クリック回数」を減らし、
「不要な離脱を防ぐ」という視点を持とう。

リスティング広告×エリアターゲティングの妙技

地名は繁盛キャッチコピー

検索**「ピザ　横浜」**のような、地名を含んだ複合キーワードに繁盛キーワードが多いことはPART3で触れた通りですが、今やリスティング広告でも「地域」を考える時代に突入しています。

まずは、広告文の見直しです。地名を含むキーワードに出稿したら、広告文には必ず地名を入れましょう。CTR（クリック率）は確実にアップします。県名や市名、観光地名等、複数の地名に出稿したら、各々の広告文を変えるのを忘れないでください。

「横浜エリア　ピザ30分でお届け」

米や海産物のように、商品そのものの地域性が高い場合も、広告文内の地名は欠かせません。地名のブランド力によって効果は変わりますが、古くから知られている「越前かに」や「関さば」に続くブランドを築き上げるには、ネットの力を上手に使いたいものです。

「B級グルメのA級品！　八戸せんべい汁セット」

「注目のご当地グルメ！　横手やきそばが売れてます！」

その他、「エリアターゲティング繁盛指南」で紹介した手法をとるときにも、地名そのものが重要なキャッチコピーになります。

実は、**リスティング広告の世界では、すでにエリアターゲティングが始まっています**。設定した都道府県のユーザーだけに広告を見てもらうことができるのです。

「この広告は大阪府、京都府、兵庫県のユーザーだけに見せる」……こんな設定ができることをご存じでしたか？

Yahoo!リスティング広告、Googleアドワーズともに、都道府県レベルより細かい市町村レベルの設定もできます。「吊り革広告と連動させるため、東武東上線沿線のユーザーだけに見せたいから、川越市、ふじみ野市、志木市、和光市……」のような極狭エリアのスポット配信が可能になったのです。

市町村レベルになると、エリア判別の精度が若干低くなりますが、やる価値はあります。今までにない広告戦略ができるのですから。

レストランや美容室のような実店舗を持つビジネスの場合、広告配信エリアを限定することで無駄なコストをカットできます。それらの広告は、商圏外の人に見せる必要性は低いので、この手法が効果的なのです。完全に配信を止めなくても、商圏外に出す広告は入札価格を低く設定し、商圏内の広告に予算を集中することで広告効果を上げることができます。

都内に店を構える美容室の場合、高いコンバージョンの狙える東京都、埼玉県、千葉県、神奈川県は入札価格を高く設定し、3位以内に表示されるようにする。関東地方の他県は10位を目安に入札し、来店を見込めない地域への広告配信はストップする。このような設定をすることで、これまで商圏外の地域にかけていた無駄な広告費を削減できます。

その他、不動産業、リサイクル業、地方開催のイベント告知、地方自治体のPR等の広告にエリアターゲティングは有効です。

地域による「需要差」をリスティング広告に反映することもできます。

「Google Insights for Search」でキーワード「家具　通販」を検索すると、富山県の検索ボリュームが圧倒的に多いことがわかります。2位北海道の3倍近く検索されているのです。理由は、「家具屋やホームセンターが少ない」」、「高齢者が多い」等が考えられますが、この差を無視するのはもったいない話です。

「富山にも送料無料で翌日お届け」

富山県のユーザーに絞った広告文を用意し、入札価格を高く設定しましょう。検索は「過去12カ月間」など、ある程度の長いスパンで行なってください。細かい話ですが、この手間こそが、他社との差別化につながります。

地域による「需要差」がなさそうなキーワードでも、調べてみると意外に差があるものです。「ラーメン　通販」は大都市のユーザーしか検索しない、「ねずみ　駆除」は広島県が多い。こんな貴重なデータを、無料で手に入れることができます。

商圏外の集客にも、エリアターゲティングは一役買います。

合宿免許に力を入れている自動車学校は、売上アップのために関東圏からの集客を図ることを検討。「羽田空港発・特別プラン」と銘打って、観光がてら免許を取得できる合宿免許サービスを提供することにしたのです。

特別プランの紹介ページへ飛ばすリスティング広告は、エリアターゲティングにより関東エリアだけに配信。広告経由以外のアクセスに対しても、ＬＰＯツールを使ってトップページに特別プランのバナー画像を表示させることで、効率よく関東エリアの訪問者を誘導できるようにしました。

エリアターゲティングはどこまでいくのか？

エリアターゲティング広告は行動ターゲティング広告以上に「使われる」

リスティング広告のエリアターゲティングと同様、高機能なLPOツールの中には、市町村レベルのターゲティングが可能なものもあります。現状、市町村レベルまで細かく設定する機会は少ないかもしれませんが、ノウハウが熟成してくれば、「ウェブマーケティングに欠かせない機能」と呼ばれる日が来るかもしれません。

リスティング広告で市町村レベルのターゲティングを実施するのに合わせて、ワンランク上のLPOツールの導入を検討してみてください。エリアターゲティングは、リスティング広告以外のネット広告にも普及してくるはずです。

行動ターゲティング広告のネットワークと同じ仕組みでエリアターゲティング広告を展開すれば、広告主にとって魅力的な広告商品になります。

クリック課金型の広告にせよ、インプレッション保証型（表示回数によって料金が決まる広告）にせよ、**必要に応じて配信地域を絞ることができれば、予算を有効に使**

えるのですから。

広告収入モデルのホームページ運営者は、エリアターゲティング広告を始めてはいかがでしょうか。バナー広告の新たなサービスメニューとして、エリアターゲティング広告を加えるのです。

バナー広告は年々効果が低くなってきているといわれますが、これはさまざまな業種の広告主に喜ばれると同時に、驚かれる広告になるはずです。まずはLPOツールでスタートしてみてください。


エリアターゲティングは、代表的なLPOツール「ココマッチLPO」や「Gyro-n LPO」でも導入できますが、専門サービスもあるので紹介します。

「どこどこ.jp」（http://www.docodoco.jp/）は、サイバーエリアリサーチが提供する、ASP型のエリアターゲティングツールです。「IPアドレス位置情報データベース」を代表する会社だけに、市町村レベルのターゲティングも可能で、精度も高い。API版は条件つきながら無料で利用できるので、技術力に自信のある企業は検討する価値があります。

エリアターゲティング広告は、行動ターゲティング広告以上に、大小多くの企業に「使われる」サービスになると予想しています。

●プライバシー保護の問題がない

●仕組みがわかりやすい

●活用方法がひらめきやすい

この3つが理由です。この本を読んだあなたの感覚では、どうでしょうか?

2010年早々、電通とJ-CASTの共同出資でエリアターゲティング広告に特化した会社が設立されたことを皮切りに、各種ターゲティング関連のビジネスに大きな動きが見られるはずです。

PARTS

本当にある、信じられないLPO&TOOLS

やったもの勝ち！の最新LPOテクニック

ここまでに解説した、「行動ターゲティング」、「キーワードターゲティング」、「エリアターゲティング」は、代表的なターゲティング手法ですが、儲かるLPO手法は他にもいろいろ存在します。

この章では、「これは使える！」という実用的なものから、「そこまでやらなくても……」というものまで、最新の繁盛テクニックやツールを紹介します。

もし、あなたの会社でも使えそうなモノがあったら、迷わず試してください。

かつてのメルマガやFAX-DM等と同様、マーケティング手法というものにも、間違いなく「**先駆者利益**」があります。同じことをやっているライバルが少なく、ユーザーがまだ見慣れていない時期に始めるメリットがあるのです。

「流行ってからやる人」、「みんながやってるからやる人」には、一生わからない恩恵を受けることができます。

LPO & TOOLS 1

迷ったときの「A／Bテスト」頼み

ホームページを作ったり運営していくと、なかなか決断できない場面が出てきます。

- いろいろキャッチコピーを考えたけど、どれを採用するか迷ってしまう
- もっとシンプルなバナーのほうがいいんじゃないかな？

そんなときに便利なのが、「**A／Bテスト（スプリットラン）**」です。異なる複数のクリエイティブをランダムに表示させ、反応のいいほうを選ぶというマーケティング手法です。こちらで選ぶのではなく、「訪問者に答えを聞け」というわけです。

DMやチラシで複数のデザインを用意するのは印刷代がかさんで大変ですが、ホームページなら2つ以上のクリエイティブを用意するだけでテストできます。ほぼ全てのLPOツールに、この機能がついているので、手軽に始めることができます。

複数のキャッチコピーの反応を見たい場合は、他の要素（色、写真、レイアウト等）は変えないのがコツです。逆に、複数用意した画像の反応を見たい場合は、同じ

A／Bテストとは？

［ 条件 ］
なし

［ 内容 ］
バナー画像ごとのクリック率やコンバージョン率を測定する。

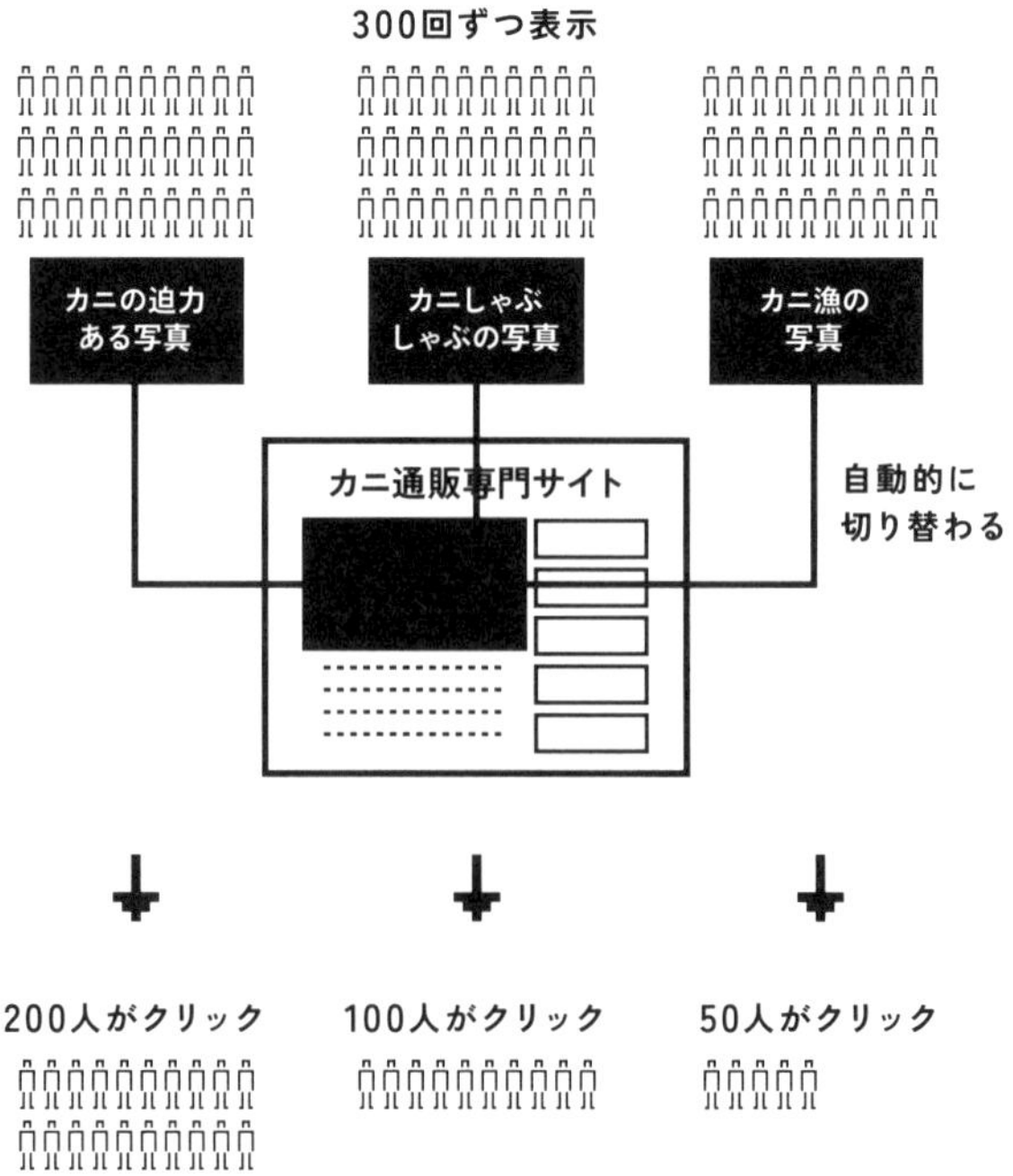

300回ずつ表示
カニの迫力ある写真
カニしゃぶしゃぶの写真
カニ漁の写真
カニ通販専門サイト
自動的に切り替わる
200人がクリック
100人がクリック
50人がクリック

A／Bテストのキャッチコピー例

メガネ屋のホームページ	たくさんのメガネをズラッと並べた画像 vs 知的な女性がメガネをかけている写真
花屋のホームページ	キレイな店舗の写真 vs 生産者のおばあちゃんの写真
海産物屋のホームページ	調理前の大きなカニの写真 vs カニしゃぶしゃぶの写真
税理士のホームページ	自分とスタッフの集合写真 vs クライアントと打ち合わせしている写真
エステのホームページ	施術前施術後の写真 vs ボディマッサージ中の写真
各種ホームページのフォーム（注文画面）	サイドバーあり vs サイドバーなし
	背景カラー　白 vs 背景カラー　赤
	普通の送信ボタン vs 大きな画像の送信ボタン

キャッチコピーにしてください。

ある程度の分母に達するまでは、一切手をつけずにテストを継続するのも重要です。コンバージョン数やクリック数が最低でも100に到達するまでは、テスト内容を変えないで我慢しましょう。

前ページにいくつか実践的なA／Bテストを紹介したので、参考にしてください。初心者がA／Bテストをやるなら、やはりファーストビューのメインバナーがお勧めです。直帰率改善に直結するトップページのバナー画像で、**どちらのクリエイティブがよりクリックされるのか？　コンバージョンにつながるのか？**を訪問者に聞いてみましょう。

LPO & TOOLS 2

タイムセールはスーパーだけのもの？

「今から30分間30%OFF！」といったタイムセールは、街のスーパーマーケットでよく見かける光景です。

「毎週火曜は11時までスーパーセール」、「水曜朝市は野菜がどれでも1つ10円！」

等、その店の特色が出るイベントです。閉店間際、惣菜コーナーのおじさんが貼る「半額シール」を待つのも楽しいものですよね。

時間を絞り込むことで、緊急性を煽ったり、お得感を増すことができるキャンペーンがタイムセールというわけですが、これも時間・曜日が設定可能なLPOツールなら、ホームページ上で再現できます。指定した時間や曜日に、自動的にクリエイティブを差し替えれば、**ウェブ版タイムセール**の完成です。

スーパーマーケットに似た通販サイトであれば、違和感なく導入できるでしょう。実店舗とホームページのタイムセールを連動させるのも、実に面白そうです。

ターゲット層の手が空く時間に合わせてタイムセールをやると、売上アップが狙えます。子供のいる主婦なら平日昼間、サラリーマンなら平日夜といった具合です。

通常、商品の売れない深夜時間帯に、「深夜3時からのシークレットタイムセール」を開催すれば、少なくともその時間帯は売上前年比アップが見込めますし、「深夜だけ安い通販サイトがあるらしいよ……」といった口コミも期待できます。

やっぱり、モバイルでしょ。

ＬＰＯツールは、すでにモバイルの世界にも進出しています。携帯電話で閲覧できるホームページ、いわゆる携帯サイトに対応したＬＰＯツールが注目されているのです。この機能は特別に、「**モバイルＬＰＯ**」と呼ばれることもあります。

携帯サイトは、パソコン向けのホームページに比べて画面サイズが狭く、一画面の情報量は、どうしても少なくなります。そのため、**ファーストビューで表示させるコンテンツ**に、より気を配らなくては、訪問者の心をつかむことはできません。

検索キーワードをそのままキャッチコピーで見せれば、簡単に訪問者の足を止めることができます。携帯の場合、バナー画像を複数用意しなくても、文字だけで十分訴求できるので効果絶大です。

「**モバイルデザインアーカイブ**」（http://mobiledesignarchive.jp/）には、１５００を超える優れたデザインの携帯サイトが紹介されています。日頃、携帯サイトを見る機会が少ない方は、ぜひ一度ご覧ください。ファーストビューのインパクトが重要視される携帯サイトならではの見せ方は、パソコン向けのランディングページ制作やLPOツール導入の際にも役立ちます。

モバイル版のリスティング広告や、モバイルSEOの効果を高めるためにも、モバイルLPOの導入を検討しましょう。mixi利用者の70％は、すでに携帯ユーザーです。このことからも、**携帯とのつき合い方が繁盛サイトの生き残りに絡んでくる**ことは間違いありません。

フルブラウザ対応のスマートフォン（iPhone等）が普及してきた影響で、パソコン向けのホームページを携帯で見る環境も整ってきましたが、今後どうなるかは未知数です。スマートフォンの閲覧を念頭においたホームページ制作の需要も高まっていますが、かといって数年で携帯サイトがなくなるということはないでしょう。

LPO & TOOLS 4

Googleの無料ツールでできるコト

Googleが提供する「**ウェブサイトオプティマイザー**」（www.google.com/website optimizer）も興味深いツールです。

このツールなら、先に紹介した「A／Bテスト」や「多変量テスト」が無料で実践できます。Google恐るべし、です。

「**多変量テスト**」とは、複数箇所の要素を組み合わせるテストのことです。

例えば、背景写真の違う2種類のバナーと2種類の見出しを用意すれば、2×2＝4パターンをランダムに表示させ、どの組み合わせが一番コンバージョンされたか計測できるのです。

テストするクリエイティブを増やせば、何百種類ものパターンの中からベストを選択できますが、よほどアクセス数の多いホームページでない限り、3×3＝9パターン程度に抑えないと、パターンによる差が出づらいので注意してください。

「背景が青いバナー」と「背景が水色のバナー」のように、クリエイティブによる差が小さい場合も、本当にそれが原因かハッキリしません。どうせやるなら、大きく違いをつけるのもポイントとなります。

多変量テストは、クリエイティブだけではなく、レイアウトの効果測定にも応用できます。「新着情報の枠は、左より右に配置したほうがいいかな?」のように、トップページのコンテンツ配置で悩んだ際の判断材料として活用してみてください。

「A/Bテスト」や「多変量テスト」は、あくまでもテストだということも覚えておいてください。テストということは、期間があるということです。期間やアクセス数でしっかりエンドを決め、テスト終了後すぐに本番に移行（ホームページへ反映）するよう心がけましょう。

LPO & TOOLS 5

EFOでワンランク上のおもてなし

EFOとは、「エントリーフォーム最適化（Entry Form Optimization）」の略です。

LPOにSEOにSEMにEFO……「もう勘弁してくれ!」という気持ちもあると

思いますが、ＥＦＯも繁盛サイトを目指すなら、避けては通れない道です。**「フォームが不親切」という理由で、ホームページから帰ってしまう人を減らせば、間違いなく売上アップできる**のですから。

ＥＦＯの基本は、フォーム（注文フォーム、資料請求フォーム等）をユーザーが利用しやすいように改善することです。まずは、すぐにできる基本中の基本を抑えておきましょう。

- 入力項目に「注意書き」や「入力例」を書く
- 不要な入力項目を削除する
- 注文完了までのステップを明示する
- 個人情報保護方針（プライバシーポリシー）を明記する
- ＳＳＬ（暗号化）を導入する

まぁ、当たり前のことですよね。でも、これだけのことで、わざわざＥＦＯなんて言葉を使っているわけではありません。**ＥＦＯツールを利用することで、さらにワンランク上のおもてなしができる**ようになるのです。

● 入力時、項目に合わせて「半角／全角、ひらがな／カタカナ」を自動的に変える
● 郵便番号を入れると、都道府県や市町村名が自動的に入力される
● 未入力の必須項目をリアルタイムでお知らせする
● 「入力ミス」の表示をクリックすると、該当の項目に移動できる
● 現在入力中の項目の色を変える

ツールによって機能は違いますが、このような、かしこい機能を簡単に導入できるのがＥＦＯツールです。

独自にJavaScriptを用意したり、jQuery（http://jquery.com/）のプラグイン（無料）を活用することで再現できるものもありますが、決して導入の敷居が低いとはいえません。特に、通販サイトは注文フォームの出来によって売上が左右されるので、フォームの離脱率が高い場合は導入してみてはいかがでしょうか。

それから、株式会社ユビキャストが提供する、「Gyro-n LPO」（https://www.ubicast.com/gyro-n/ja/lpo/）というツールは、ＥＦＯとＬＰＯを絡めることができます。つまり、フォームから送信された情報をＬＰＯの条件に設定できてしまうのです。

例えば、資料請求フォームで「女性」を選んだ人には、次回訪問時に「女性向けのバナー」を表示させる。「30代」を選んだ人には、「30代向けのキャッチコピー」を表示させる。「会員」になった人には、「会員登録を訴求するバナー」を見せない。想像次第で、いろいろな使い方ができそうですよね。

今までのホームページでは考えられなかった販促が、もう目の前で行なわれているのです。

LPO & TOOLS 6

どこ見てんのよっ！

PART1で紹介した「ランディングページ戦略」では、1ページ完結型のページを量産して売上アップを目指します。何しろ1ページですから、情報量に比例してページは縦に長くなります。短いものでも3～4スクロール、10スクロールを超えるものも珍しくありません。

長くても、きちんと作り込むことで高いCVRが狙えるわけですが、**改善ポイントがわかりづらい**という問題があります。

普通のホームページなら、アクセス解析で人気のあるページがわかるのですが、1ページではそうはいきません。「商品の売りが伝わっていないのかな?」、「Q&Aが少ないのかな?」と、推測するしかことしかできなかったのです。

そんな悩みを解決できるのが、ギャプライズの「クリックテール」という、ヒートマップアクセス解析ツールです。2009年後半から、同様のツールがいくつも登場していますので、気になる方は調べてみてください。

この解析ツールを使うと、同じページ内で、どの箇所が何回読まれているのか、どの箇所の滞在時間が長いのか、どの箇所のクリックが押されているのかといった貴重な情報が一日でわかるのです。

これは、ランディングページ改善の大きなヒントになります。

「閲覧回数が多く、滞在時間の長いポイント=人気のコンテンツ」をはじめに持ってくれば直帰率が改善できますし、人気のコンテンツを充実させてコンバージョンアップを狙うこともできます。反対に、人気のないコンテンツを消してしまうことだってできます。

このツール、普通のホームページでも利用できますが、ランディングページ戦略において特に力強い味方になってくれます。

LPO & TOOLS 7

そのアクセスは敵か味方か

あなたのホームページ、どんな人が見ていますか？

アクセス解析をすれば、訪問者の国や都道府県、はじめての人かリピーターか、どんなブラウザを使ってるのか、といった情報がわかります。よく考えたら、それだけでもスゴイことです。

でも、ウェブマーケティングの世界はどんどん進化していて、今では、「どの企業の人がホームページを見たか？」までわかってしまいます。

「昨日、プレスリリースを出したら、ソニーと東芝の人がホームページを見に来たよ」

ユーザーローカルが提供する無料のアクセス解析ツール**「User Insight」（http://ui.userlocal.jp/）**を使えば、こんな会話が、あなたにもできる時代なのです。

小さな企業はさすがに解析できませんが、大手企業、政府機関、学校といった組織からのアクセスは把握できます。

ちょっと頭を働かせれば、「頻繁にアクセスのある企業に営業してみる」、「ライバル企業が敵情調査してるみたいなので、公開する情報に注意する」といった使い方が考えられます。

他にも、訪問者の「性別」や「年齢」を推測する機能もあります。あなたの**狙い通りのターゲット層**が訪れているか把握できますし、性別や年齢の傾向に合わせてキャッチコピーを考え直してもいいかもしれません。

とにかく無料ですから、Googleアナリティクス等のアクセス解析ツールと併用してみてください。

8 ヒートマップで懐も温まる

ヒートマップとは「訪問者がどこを見たか」、「どこをクリックしたか」という分布を色分けし、ホームページに重ねた図のことです。ユニクロの防寒着ではありません。

通常、ヒートマップを作るには、SFチックな機器を被験者の頭に設置し、視線を解析しなくてはいけません。もはや、研究の領域です。

そのため、Googleが公開したヒートマップの形から、アルファベットの「F」、「Z」のエリアが重要だというのが定説となりました。また、訪問者の視線は左上から右下へ動くため、左上には会社のロゴを置き、右下へ行くにつれて重要度の低いコンテンツを配置するのが一般的となったのです。興味のある方は、「Google ヒートマップ」で画像検索すると、すぐに発見できます。

しかし、**訪問者の視線はホームページごとのレイアウトやデザインで大きく変わる**のも事実です。できれば、自社ホームページでもヒートマップを作ってみたいのが本音です。

ヒートマップで訪問者の視線をキャッチする

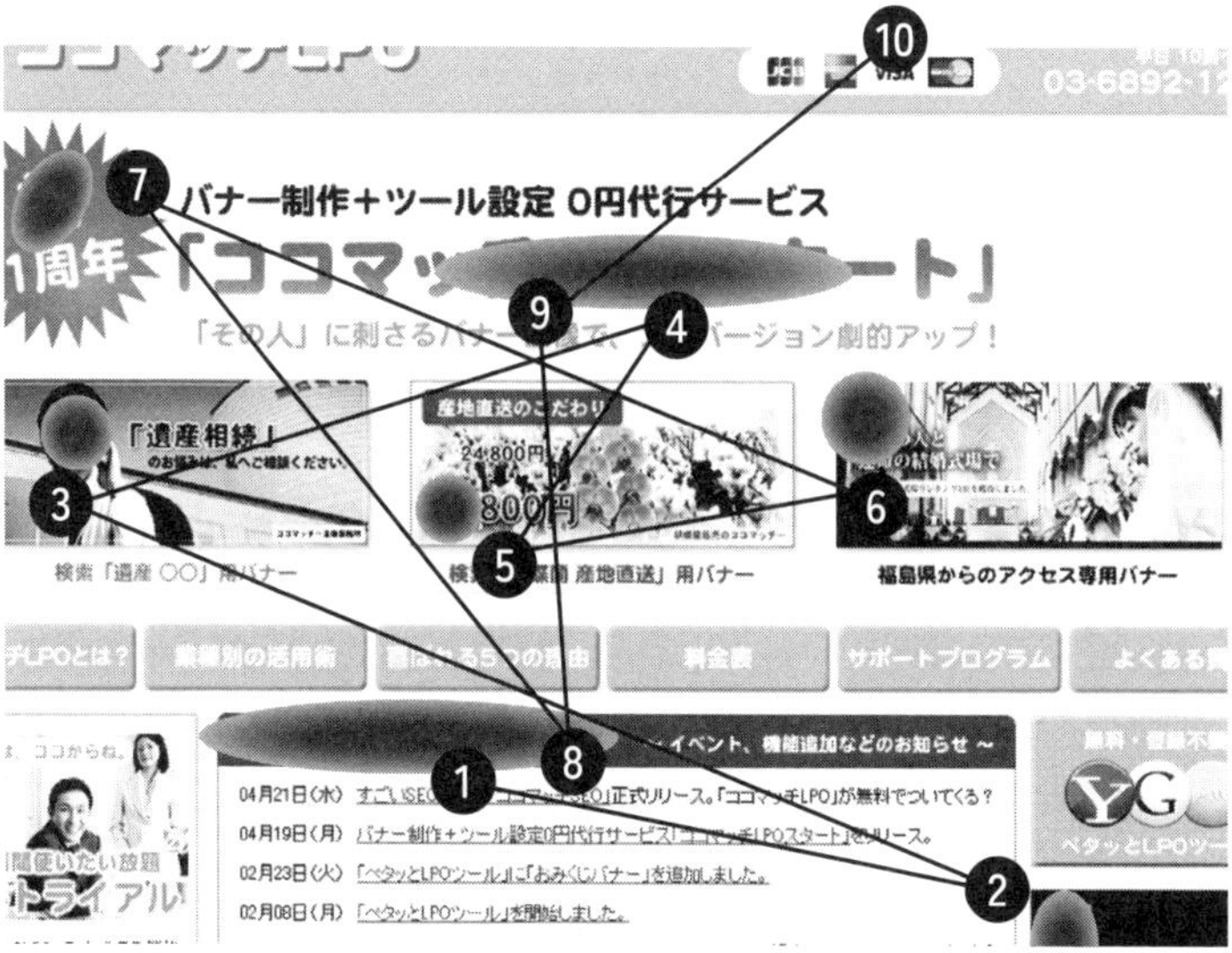

視線の集まる箇所が赤く表示され、

視線の動きを数値で追うことができる。

そんな夢を現実にするツールが、ユーザーローカルが提供する**「User Insight（ユーザーインサイト）」（http://ui.userlocal.jp/）**です。このツールを使うと、蓄積されたデータをもとに推計された、あなたのホームページだけのヒートマップを手軽に制作することができます。もちろん、大げさな機器は不要です。

「せっかく作り込んだFlashがほとんど注目されてない」、「サイドメニューを見てる人が皆無」といった、ホームページの改善やリニューアルに役立つデータが、じゃんじゃん手に入るのです。

「User Insight」は、「どこを見た」だけではなく、「どこをクリックしたか」や「どこまで読んだか」まで知ることができます。お値段は月額5万2500円からと、決して安くはありませんが、普通のアクセス解析ツールでは絶対にわからないデータが手に入るのですから、検討の余地アリです。

PART 6

LPOの原点回帰で、繁盛サイトを目指しなさい

「950×500＝」

LPOもターゲティングも ホームページ改善から始まる

コンバージョンアップには、ホームページの改善が欠かせません。

店内が薄暗く、棚に埃が積もったスーパーでは買う気が失せてしまうように、いくらアクセスを集めても、パーソナライズしたクリエイティブを見せても、ホームページそのものに魅力がなかったり、大きな欠点があれば、訪問者は何もせずに帰ってしまいます。

この章では、ＬＰＯの原点に帰ります。

それは、ホームページ内部を改善するという、とても地味な作業です。ターゲティング技術のような派手さはありません。でも、１つ１つの積み重ねがコンバージョンという数字に結びつくと断言します。

LPOツールやSEO対策を生かすも殺すも、ここで決まります。

ファーストビューで勝つ！

ブラウザでホームページを見たとき、スクロールしないで見える範囲を「ファーストビュー」といいます。ファーストビューは、ディスプレイの解像度によって変わりますが、「横950ピクセル、縦500ピクセル以内」と覚えておきましょう。

この数値は、Googleが公表した「Browser Size」(http://browsersize.googlelabs.com/)においても、90%のユーザーにとってファーストビューになるラインとされており、これを超えると、その割合はガクンと落ちてしまいます。ディスプレイの高解像度化が進めばファーストビューの指標も変わりますが、当面は「950×500」で問題ありません。

人の第一印象は最初の数秒で決まるといわれるように、ホームページの訪問者も最初の数秒、**ファーストビューを見た段階で、「帰る」か「もっと見る」かを判断します**。

一般的に、ヘッダー(企業ロゴや連絡先のある、画面上部のエリア)、メインバナー、メインメニューの3点セットが、この範囲に収まるようにレイアウトされるのも、こんな理由があるからです。

訪問者に「もっと見る」を選択してもらうには、ファーストビューが鍵となるわけです。

1．何を伝えればいいのか？

ファーストビューの範囲内でも、メインバナーは第一印象を決める最も重要な要素です。どんなバナーがいいのかは、業種やホームページの目的によって変わってきますが、あくまでも「コンバージョンを上げる」という視点で考えた場合のポイントを紹介します。

メインバナーで伝えるべきことは、何でしょうか？

「うちは、こんな理念の会社です」、「うちは社員全員、家族みたいな会社です」。それもいいのですが、訪問者が知りたいこと、伝えるべきことはまったく別のところにあります。

①何のホームページなのか？

例：会員制通販サイト

例：経営コンサルタントの情報サイト

②訪問者に、どんなメリットがあるのか？

例：市場価格の70～90％ＯＦＦで、産地直送の海産物が購入できる

例：経営コンサルタントのノウハウを無料で手に入れることができる

③他社との違いはどこなのか？

例：訳あり商品だけを取り扱っている

例：著書3冊、上場企業をクライアントにもつコンサルタントがいる

④信頼に足る実績はあるのか？

例：会員数5万人

例：東証一部上場企業に対して80億円のコストカットに成功した

この4つに優先順位をつけて、アピールしてみましょう。

優先順位は、キャッチコピーのフォントや文字サイズ、太さや順番、バナーに入れ込む写真素材を、どのアピールポイントに合わせるかで表現していきます。

起業したての方や新商品の場合、実績はないでしょうし、ナショナルブランド商品を扱っていて、商品自体で差別化を図る部分がなければ、それはしょうがありません。無理に差別化を図っても、後々ボロが出るので臨機応変にいきましょう。

先の例では、「訳あり海産物に特化した通販サイト」の記載は、メインバナーではなくヘッダーエリアに回すという手も考えられます。ロゴマーク付近にキャッチフレーズとしてテキストで埋め込めばSEO対策にもなりますし、キャッチフレーズは

コンバーションに貢献するヘッダーエリアにしよう

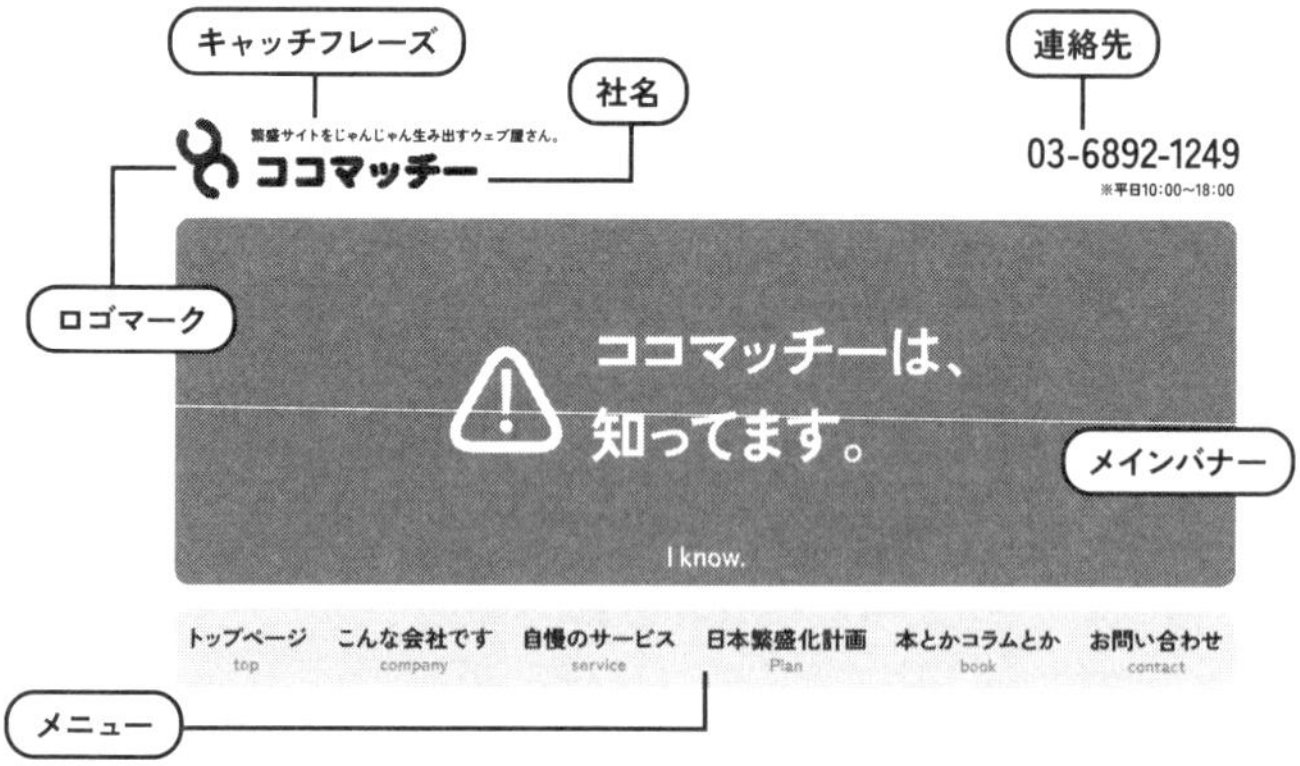
キャッチフレーズ
社名
連絡先
繁盛サイトをじゃんじゃん生み出すウェブ屋さん。
ココマッチー
03-6892-1249
※平日10:00~18:00
ロゴマーク
ココマッチーは、
知ってます。
メインバナー
I know.
トップページ top
こんな会社です company
自慢のサービス service
日本繁盛化計画 Plan
本とかコラムとか book
お問い合わせ contact
メニュー

新規訪問者が高い確率で読むことが知られています。

　モノを売るホームページでは特に、メインバナーは頻繁に更新してください。更新頻度は、ホームページ運営がちゃんと行なわれていることの裏づけになります。逐次、キャンペーン情報や季節商品の情報に差し替えることで、売上は確実に上がります。

2. どう動いてほしいのか?

　ホームページの改善ポイントに、メニューは外せません。訪問者から見れば、メニューはホームページという迷路の道しるべとなるのですから、他のコンテンツ同様、継続的な見直しを図るべきです。

●**日本語表記にする**

いちいち書くのも気が引けますが、ターゲットが日本人なら日本語を使うのが基本です。ブランドイメージ上、英語を用いるのであれば、日本語と併用して無駄な離脱を減らしましょう。

●**横メニューの場合、7個を上限にする**

「マジカルナンバー7」という心理学用語があるように、人間は7個を超えると「多いなぁ」と感じてしまいます。7を超えるメニューは、離脱や迷いの原因となるわけです。

メニューの構成を見直す、サブメニューを用意する、メニュー外に配置する、トップページへのリンクはロゴだけにする、といった工夫で、極力7個に収めるようにしましょう。

●**ボタン形状にする**

メニューを画像で制作する場合、影や盛り上がりで立体感を出すと、一目でメニューだとわかります。メニューはホームページ全体のデザインと合わせなくてはいけないので、必須とはいえませんが、あくまで基本ということで覚えておいてください。

●オンマウスで表示を変える

マウスカーソルを乗せたときに、メニュー画像の色や形が変わると「ココは押せる」と瞬時にわかります。オンマウスでメニュー表示を切り替えるデザイン手法は主流なので、訪問者に違和感を与えることもありません。

見せ方と同様、並べ方も要検討です。

海外のホームページでは、「お問い合わせ」は最もクリック率の高い、一番左に来ることが多いようですが、日本では一番右に置かれることが多いようです。これについては国民性もあるので、一概に「左にしましょう」という気はありませんが、今、「お問い合わせ」が一番右にあるようなら、メニュー外に配置して「特別扱い」してみてください。「このホームページには、どんなゴールがあるのか」をわかりやすくしてあげるのです。

メニュー外に移動しなくとも、コンバージョンに直結する「資料請求」や「お問い合わせ」ボタンを、色や形の違いで目立たせるだけでも効果はあります。

信頼は、狙ってゲットするものです

お客様の信頼をつかむホームページ戦略

信頼なくして購入なし、購入なくして繁盛なし、故に信頼なくして繁盛なし。

訪問者の信頼を勝ち取ったホームページだけが、繁盛サイトになる資格を得ることができます。ターゲットとなるユーザーの年齢層が高い場合は特に、ホームページというメディア自体の信頼度が、テレビや紙メディアに比べて低いのですから、信頼獲得を1つのテーマにすることに異論はないでしょう。

信頼については、少なからず「**信頼＝ブランド＝知名度**」という式が成り立つため、会社の規模に限らず、プレスリリースをはじめとするPR戦略で、マスメディアへの露出を狙うべきです。

「News2u」（http://info.news2u.net/）や「DreamNews」（http://www.dreamnews.jp/）といったネット版PRサービスを利用すれば、スピーディかつ安価にプレスリリースを配信できます。たとえ、メディアからの取材依頼がなくても、数十種類のニュースサイトに必ず掲載されるので、露出という点で確実に数字を得ることができます。

独自性のある商品や目のつけどころのいいサービスでないと、なかなか大手メディアの取材には結びつきませんが、社名で検索されたとき、何百、何千という記事が表示されることになるだけでも、十分メリットとなります。

念願叶って、メディア出演となった際には、今度はその事実を武器にしましょう。「メディア出演」というコンテンツを新たに制作して訪問者にアピールしたり、サイドバーにテレビや雑誌記事の画像を貼りつければ、信頼度はレベルアップします。

あまり大きな声ではいえませんが、出せば必ず掲載されるニュースサイトをネタに「○○に掲載されました！」と、仰々しくアピールしている企業も1つや2つではありません。

誰でもすぐにできる対策としては、**「お客様の声」**や**「推薦文」**があります。

これはもう定番中の定番ですが、**流行から定番へ成長するほど効果がある**のだと考えてください。まだ手をつけていないようであれば、なおさらです。

「お客様の声」は、会社名、肩書き、名前、感想の掲載に留まらず、手書きのアンケートそのもの、顔写真、動画と、あの手この手の見せ方が誕生しています。今後は、プロのライターがお客様を取材し、購入のきっかけや購入前の不安、購入後どうなったか、これからの意気込み等を物語（ストーリー）やインタビューに仕上げたものが増えていくでしょう。

「続ける」ことが信頼につながる

長くホームページを運営していく中で、見落としがちになるのが、「一貫性」です。経営が上り調子になった、扱う商品点数が増えた、事業内容に変化があった等、さまざまな要因が重なり、ホームページから一貫性が薄れていくことがよくあります。「代表挨拶」では、中小企業の支援をうたっているのに、大企業向けのサービスしか紹介されていない。高級感溢れるデザインなのに、扱っている商品が日用品だらけ。このような例は極端ですが、**「メッセージ・デザイン・コンテンツ」この3つの一貫性が保たれているか、定期的にチェックしてください。**

ホームページに一貫性がないからコンバージョンしないという問題だけではなく、企業そのものの信頼にも関わってきます。

信頼を得る小技として、「**ロゴ**」があります。

- クレジットカード決済の対応カードのロゴ（他、コンビニ決済等）
- 商品発送会社のロゴ
- フリーダイヤルのロゴ
- SSL（暗号化通信）のロゴ
- パートナー企業やクライアント企業のロゴ
- 掲載されたメディアのロゴ
- プライバシーマークのロゴ（他、ISO等）

ロゴにもいろいろあるのがわかります。これらのロゴは、必然的に大手企業のものが多くなります。それらをホームページに掲載するだけで信頼度がグッと増しますから、中小企業必須の小技として覚えておいてください。ロゴがあると、ホームページがにぎやかに見えるのもメリットの1つです。

私の知り合いには、ほとんど必要がないのに、クレジットカード決済を導入している企業もあります。社長さんいわく、「有名カード会社のロゴが貼れれば、月数千円の利用料なんて安いものでしょ？」。そんな方もいるくらいです。

ホームページやブログ、メルマガ、Twitter、何でもそうですが、実は**「続いてる」という事実が信頼へ変わります**。これ、かなり重要なことです。

とっくに終わったキャンペーンのバナーがいつまでも貼ってある。ブログを始めたけど、7日坊主。メルマガを半年に1回しか書いてない。身に覚えはありませんか？

本業が忙しい、ネタがないという理由で、せっかく始めたウェブメディアを放置しては、逆ブランディングになってしまいます。

ウェブメディアは手軽に安価にスタートできるのが利点ですが、安易に見切り発車する企業が本当に多いのが残念なところです。続けるにはマンパワーとモチベーションが不可欠ですし、思うような成果を上げるのに、時間と我慢が求められることもあります。これだけは忘れないでください。

「買う理由」を与える

お客様を吸い寄せるホームページにする

ネットユーザーは比較します。

あなたのホームページと他社ホームページを容赦なく比べた上で判断します。「こっちは送料無料で、こっちはポイントがつく。こっちのホームページはデザインがいい……」あれこれ迷いながら、判断の決め手となるネタを探しています。

ようするに、**判断し得る材料がなければ、あなたのホームページで「買う理由」は一切ない**のです。他で買えば済むことなのですから。たとえ、独自に開発した商品を扱っていたとしても、「競合ゼロの完全なるオンリーワン商品」でない限り、残念ながら代わりとなる商品は存在してしまうのです。

あなたの商品は、「吸引力の変わる、ごく普通の掃除機」なのです。

では、訪問者に「買う理由」を与えるには、どうしたらいいのでしょう。

1．差別化はホームページを救う

「買う理由」を与えるには、ライバルより優位な点を見つけ出さなければいけません。

商品そのものに優位な点がなく、ストレートに差別化が図れなくても、売り方や見せ方1つで差別化を図ることはできます。

ライバルサイトのタイトルタグとファーストビューを調べ、表にすることで、おぼろげだったポイントがはっきりしてきます。

ここでは再度、胡蝶蘭販売専門店に登場してもらいます。検索「胡蝶蘭　通販」で表示されるライバルサイトのうち、トップ20を調査対象にします。繰り返しになりますが、調べるのは主にタイトルとファーストビューのみ。それ以外のポイントは、「備考」欄にメモしておくことにします。

182ページの図をご覧ください。ざっと調べたところ、次のような結果が出ました。訴求ポイントは、「用途」の13が断トツで多く、「価格」、「送料無料」の7、「産地直送」の6、「品質」と「法人対応」の5という順番になりました。

一方、「胡蝶蘭」関連の検索キーワード（月間検索数）は、「胡蝶蘭　ブーケ（1万4500）」、「胡蝶蘭　ギフト（6300）」、「胡蝶蘭　プレゼント（3300）」、

胡蝶蘭販売店の差別化ポイント

	タイトル	胡蝶蘭（白）	胡蝶蘭（ピンク）	胡蝶蘭（黄）	ファーストビュー			訴求ポイント							
					胡蝶蘭（白）	胡蝶蘭（ピンク）	胡蝶蘭（黄）	価格	送料無料	産地直送	即日出荷	品質	品揃え	決済方法	用途
1	【●●市場】鉢花＞ラン・胡蝶蘭：通販・インターネットショッピング	1	1		全体	全体									○
2	胡蝶蘭●● | 産直の胡蝶蘭をお届け	3	1		アップ	アップ		○	○	○		○			
3	胡蝶蘭販売専門店「●●.com」！胡蝶蘭はお祝い・お供え等のギフトに最適です	1		1		アップ	アップ		○	○		○			
4	胡蝶蘭のお花を自社で栽培、通販で販売するギフト店：●●	5			全体			○		○				○	
5	胡蝶蘭専門店　●●：通販　販売　開業祝　開店祝　ギフトに最適です	1			アップ										○
6	胡蝶蘭を福岡から全国に配達いたします。胡蝶蘭専門：●●	1			アップ				○		○		○		
7	胡蝶蘭　販売・配達・通販・宅配　お祝い胡蝶蘭●●【法人ギフト対応】	2			全体										○
8	胡蝶蘭・スタンド花専門店　胡蝶蘭・スタンド花専門通販　格安販売　●●	3	1		全体	全体									○
9	胡蝶蘭の通販　個人から法人まで対応　山梨の洋蘭園　●●から全国発送　格安から高級まで	2			アップ										○
10	【敬老の日】お祝いに胡蝶蘭　通販、宅配、配送　●●	1			アップ				○		○		○		○
⋮	⋮														
					アップ	アップ	アップ	7	7	6	3	5	2	1	13
					12	2	1								
					全体	全体	全体								
					6	3	0								

「胡蝶蘭　開店祝い（2700）」、「胡蝶蘭　価格（1950）」、「胡蝶蘭　激安（900）」となりますので、概ね検索の需要と供給がマッチしてることがわかります。ということは、「胡蝶蘭　通販」は、間違いなく激戦区の1つというわけです。ちゃんとネット販促の基本がわかっているライバルが多いということですから、差別化の意味合いは、より深まります。

トップ20の中で面白いのは、「法人販売」に特化したお店でしょう。「胡蝶蘭　法人」、「胡蝶蘭　領収書」というキーワードは決して検索されませんが、ターゲットを予測して、一点突破を図っているわけです。SEO対策は「胡蝶蘭　通販」で仕掛け、法人相手に商売しています。法人販売を訴求している店は他にもありますが、専門は1つだけ。確実に需要が見込めますから、繁盛しているはずです。

もう1つ。タイトルの冒頭に、「敬老の日」というキーワードが入ったお店も、繁盛の匂いがします。調べてみたら、案の定。楽天ショップに加えて複数のホームページ（サテライトサイト）を所有し、それぞれ違った訴求ポイントで展開していました。

● ピンクとイエローの胡蝶蘭販売を売りにする

182ページの図を見ると、他にも差別化できそうなポイントが見えてきます。

●生産者の顔を前面に出す
●日本一高価な胡蝶蘭を販売する

これはオンリーワンを狙っていますが、ライバルの少ない「決算方法」、「品揃え」、「即日出荷」を大きく扱っても面白いと思います。ただし、対応可能な範囲からハミ出さないよう、くれぐれもご注意ください。

もちろん、LPOツールを利用して、流入キーワードによってバナーを差し替えれば、こういった悩みを減らすことができます。

ここで作ったマトリックス図は、プリントアウトして常に見える場所に貼っておきましょう。ホームページ運営が伸び悩んでくると、自社内でモンモンとなることがあります。そんなとき、この図と競合ホームページをチェックして優位性が崩れてないかチェックしてみてください。リスティング広告の文面を考えるとき、参考にするのもお勧めです。

2. 今すぐ買ってもらうには?

ライバルとの比較競争に勝つために差別化を図るのもいいのですが、なかなか踏ん切りがつかないこともあります。また、成果が出るまでに、ある程度の時間と労力がかかります。

ここで紹介するのはどれも小技ですが、今すぐ実戦できるネタばかりです。小技同士の組み合わせで、一本取ることもできますから、ぜひ前向きに取り組んでください。

●「今すぐ」と書いてみる

購入ボタンや商品の側に、「購入は今すぐ!」、「今すぐお買い求めください」と書いてみてください。商品の残数を見せてあげれば、より訴求力が高まります。

●「購入」ではなく、「カートに入れる」にしてみる

「購入」や「買う」という単語は、お金の消費をイメージさせてしまいます。表現を柔らかくして、「カートに入れる」や「注文する」に変えてみてください。

●緊急性をあおってみる

「本日限り10%OFF」、「あと12時間で送料が有料になります」。キャンペーンと絡めて、緊急性をあおってみてください。

●「明日から大幅値下げ」と書いてみる

今すぐとはいきませんが、明日買ってもらう手法の1つです。期待感が増幅するの

で、コンバージョンは自然と上がります。逆に、「来週から値上げ」として、駆け込み需要を狙う手もあります。

●他社より1円安くしてみる

ライバルが1999円なら、1998円にして「最安値」をうたってみてください。これは、ドラッグストア的手法です。全商品で最安値を狙うのではなく、目玉商品を1つ用意するだけでも意味はあります。

●元の値段を書いてみる

「10%OFF」や「1割引」もいいのですが、元の値段を書くことも重要です。「~~9800円~~→8820円」のように、打ち消し線を上手に使ってみてください。

●2000円を1999円にしてみる

2000円と1999円には、感覚的に1円以上の差があります。ただし、高級感を売りにするホームページには向いていません。

●割引の見せ方を変えてみる

「50%OFF」なんてセールをやるなら、「100%ポイント還元」のほうが、断然インパクトがあります。有名なところでは、「100人に1人タダ」と「1%OFF」がこれと同じです。

●特典をつけてみる

豪華な特典をプレゼントできればベストですが、コストをかけなくても特典をつけることはできます。食材の通販サイトであれば「お料理レシピ」等、頭を絞って考えてみてください。

●手書きにしてみる

お約束の「残りわずか!」や「店長推薦!」といった言葉を手書きで書いてみてください。ペン入力できるタブレットがなければ、手書きしたものをスキャナで取り込んでもOKです。ホームページで手書き文字は見慣れないので、嫌でも視線がいきます。

●マンガを書いてみる

ホームページの漫画は精読率が高いため、徐々に注目を集めています。プロに依頼してもいいですし、絵の上手な社員に書いてもらってもいいので、とにかくマンガを置いてみてください。

有名な漫画家さんに依頼すると高価ですが、ファーストデザイン(http://www.fast-d.com/)のようなマッチングサイトを利用することで、安価でセミプロ漫画家さんに依頼することができます。

●比較商品を置いてみる

売りたい商品の側に、より高額な商品を置いてみてください。売りたい商品が安く見えます。これは、「松竹梅の理論」と呼ばれることもあります。

●当たり前のコトを書いてみる

「ＦＡＸ　24時間対応」、「メール24時間対応」、「フリーダイヤル無料」等、当たり前のことを、あえて書いてみてください。

「買わない理由」を削除する

お客様を逃がさない実践的方法

「買う理由」の反対、「買わない理由」を探る視点も、繁盛サイトには欠かせません。

まずは、アクセス解析の結果から、**離脱率が極端に高いページを探してみましょう**。離脱とは、あなたのホームページから帰ってしまうことです。Googleアナリティクスの場合、「コンテンツ」内の「離脱ページ」で確認できます。

この数値が群を抜いて高いページがあれば、その原因を考えるのです。

ある旅行関連のホームページでは、はじめてホームページを訪れてきた方向けのコンテンツ「はじめての方へ」の離脱率が70%を超えていました。せっかくの見込み客をみすみす逃していたのです。

自社では気づかなかったそうですが、原因は明らかでした。「はじめての方へ」なのに、「自社サービスが安い理由」ばかり書かれていたのです。本来、「ホームページの利用方法」や「登録から宿泊までの流れ」が書かれているべきところに、それがなかった。これでは、初心者は訳もわからず帰ってしまうはずです。

買わない理由を、ひたすらリストアップする方法もあります。

自社ホームページやライバルのホームページを見て、ある程度の人数で「ツッコミ」を入れていくのです。「Flashが大きすぎる」、「デザインに高級感がない」、「料金がわかりにくい」等など、どんどんリストアップしていってください。「遠くに住んでいる人は来店しない」といった、本質的なものでもかまいません。

人間、あら探しは得意なので、相当数出てくるはずです。

そして、ツッコミに対する改善策を出し、**「重要度」**、**「コスト」**、**「手間」といった要素で点数をつけていきます**。「★★★」のように、星マーク3つを最大にしておけばわかりやすいでしょう。

あとは、実践するのみ。

全てに手をつけられないにしても、この表は次回リニューアル時にも役立ちます。

ランディングページは、こう作りなさい

ランディングページ制作の5つの鉄則

PART1「手間ヒマかかるLPO」で紹介した、「ランディングページ戦略」は覚えていますか？　メインとなるホームページとは別に、高いCVRを狙った1ページ完結型のランディングページを展開していく手法です。サブ的なホームページは、サテライトサイト（衛星サイト）と呼ばれることもありますが、この戦略は1ページ完結型の衛星を作っていくのが特徴となります。

ただし、「1ページなら簡単に作れる」という安易な考えでランディングページを作っても、99%成功しません。本来、数ページで構成されるべきコンテンツを1つにしただけでは、単なる「縦長ページ」となってしまうからです。**ランディングページには、ランディングページ特有の作り方**というものがあるのです。

1．敷居の低いゴールを1つだけ用意する

ランディングページを作る上で、絶対にブレてはいけないことがあります。それは、訪問者にとってのゴールは1つにすること。そして、敷居を低くすることです。

多くの場合、「リードジェネレーション」といって、新たな見込み客を集めることがゴールに設定されます。例えば、学習塾の場合、無料の資料請求がゴールとなります。制作過程で、「ひょっとしたら、いきなり申し込む人もいるかもしれない」という誘惑に負けて、「申し込み」もできるようにしたくなります。

でも、それはやってはいけません。「見込み客集め」がゴールだからです。

クロージングまで意識してしまうと、ランディングページの中身が変わってしまいます。「夏季講習・冬季講習」、「全国模試情報」といった、見込み客集めだけなら不要なコンテンツを、次から次に盛り込みたくなってしまうのです。

以前、クライアントの強い要望に負けてしまい、クロージングをゴールにしたランディングページを作ったことがありますが、やはり結果は散々なものでした。何しろ、この1ページで全情報を与えなくてはいけないので、無駄に長いページになってしまったからです。

エステサロンなら「お試しクーポン券ダウンロード」、住宅リフォームなら「無料

「お試し」「無料」……敷居の低いゴールで見込み客を集めよう

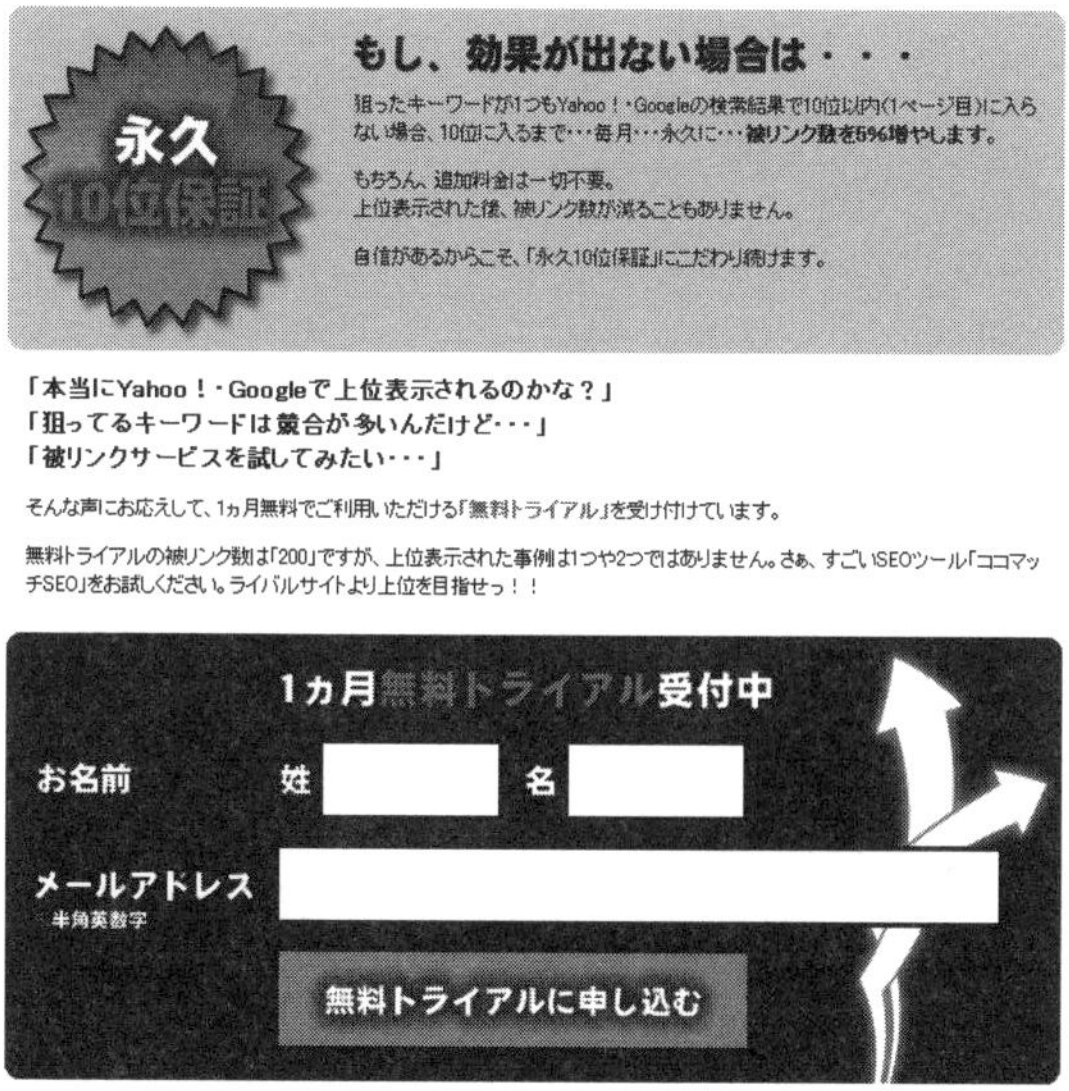
永久
10位保証
もし、効果が出ない場合は・・・
狙ったキーワードが1つもYahoo！・Googleの検索結果で10位以内(1ページ目)に入らない場合、10位に入るまで・・・毎月・・・永久に・・・被リンク数を5%増やします。
もちろん、追加料金は一切不要。
上位表示された後、被リンク数が減ることもありません。
自信があるからこそ、「永久10位保証」にこだわり続けます。
「本当にYahoo！・Googleで上位表示されるのかな？」
「狙ってるキーワードは競合が多いんだけど・・・」
「被リンクサービスを試してみたい・・・」
そんな声にお応えして、1ヵ月無料でご利用いただける「無料トライアル」を受け付けています。
無料トライアルの被リンク数は「200」ですが、上位表示された事例は1つや2つではありません。さぁ、すごいSEOツール「ココマッチSEO」をお試しください。ライバルサイトより上位を目指せっ！！
1ヵ月無料トライアル受付中
お名前
姓
名
メールアドレス
半角英数字
無料トライアルに申し込む

入力項目を必要最低限に絞り込むことでも敷居は低くなります。

見積り」、ケーキ屋さんなら「訳ありスイーツ詰め放題　500円」のように、アクションへの敷居の低いゴールがお勧めです。ケーキ屋さんのように商品単価が低い場合、送料だけはいただく等、必ずしも無料をゴールにする必要はありません。広告費との兼ね合いを考え、柔軟に対応しましょう。

ＢｔｏＢの商品、単価が高い商品ほど、リードジェネレーションに特化したランディングページ戦略は有効です。まずは、見込み客にメールアドレスや電話番号を聞いてから、じっくりとクロージングしてください。

2. 訴求ポイントを絞り込む

ランディングページ戦略においては、「絞り込み」の重要性が極めて高くなります。学習塾の場合、大学受験生全員を対象にするのではなく、「東大受験生」や「早慶上智受験生」といった感じにターゲットを絞り込むことで、さらなるコンバージョンアップを狙います。ターゲットを絞り込み、つまらない「塾の資料」ではなく、1つ目のランディングページには、「東大合格者127人に聞いた、ＩＤ勉強法」といったレポート。別のランディングページのゴールには、「2010年版早慶・上智　絶対合格メソッド」といった、無料特典を用意するのです。

もちろん、人で絞り込むのではなく、「料金」や「用途」といった訴求ポイントで絞り込みをかけてもかまいません。検索キーワードと相談しながら、絞り込むべきポイントを探しましょう。

3．ビジュアル重視

ランディングページ制作にあたって、ビジュアルを軽視しては駄目です。ファーストビューはもちろんのこと、最後の最後、アクションに至るポイントまで手を抜かないでください。今時のランディングページは、絶対的にビジュアル重視なのです。

普通のホームページは、画像とテキストを織り交ぜて構成されますが、今、成果を上げている1ページ完結型のページは、ほとんど画像で構成されています。

何しろ、訪問者を飽きさせることなく、何ページ分もスクロールしてもらわなくてはいけません。文字のジャンプ率（大きな文字と小さな文字の差）を高くして躍動感を出し、写真や画像をふんだんに配置し、刺激的なキャッチコピーを散りばめ、誰もが続きを読みたくなる1ページを作ってください。ホームページというより、縦に長い1枚のチラシを制作するような感覚です。目と脳味噌を楽しませる工夫を随所に盛り込めば、CVR5％超という数字も決して夢ではないのです。

クオリティの高い画像を ふんだんに使って第一印象をよくしよう

訴求内容を絞り込めば、
自ずと強力な広告文やキャッチコピーが生まれる。

4.流れを視覚化する

訪問者にスクロールしてもらうには、「流れ」を視覚化するのが効果的です。いかにビジュアルの質が高くても、流れがなくては続きを見てもらえません。

流れを視覚化するには、①矢印、②数字、③繰り返し、④ハミ出し、⑤変化を組み込むといいでしょう。

①コンテンツの区切りに、「矢印」を挿入すれば視線を誘導できます。商品の機能を紹介するエリアに下向きの大きな矢印を入れ、実績や効果を見てもらったり、次のエリアとの関連性が低い場合、流れを切らせないサポート役にすることもできます。

②商品の特徴や活用方法等を羅列する場合、リストマークではなく「数字」をつけることで、意識を誘導できます。リストマークは単なる記号ですが、数字は文字なので、頭の中で「いち、に、さん……」と、整理しながら読んでもらうことができるのです。

③小見出しと一緒に、「まじ?」や「えっ!?」という吹き出しを配置する。驚いた女性の顔写真を等間隔で配置する。このように、同じ表現をあえて「繰り返す」ことで、リズムが生まれます。

「矢印」や「ハミ出す文字」で視線を誘導しよう

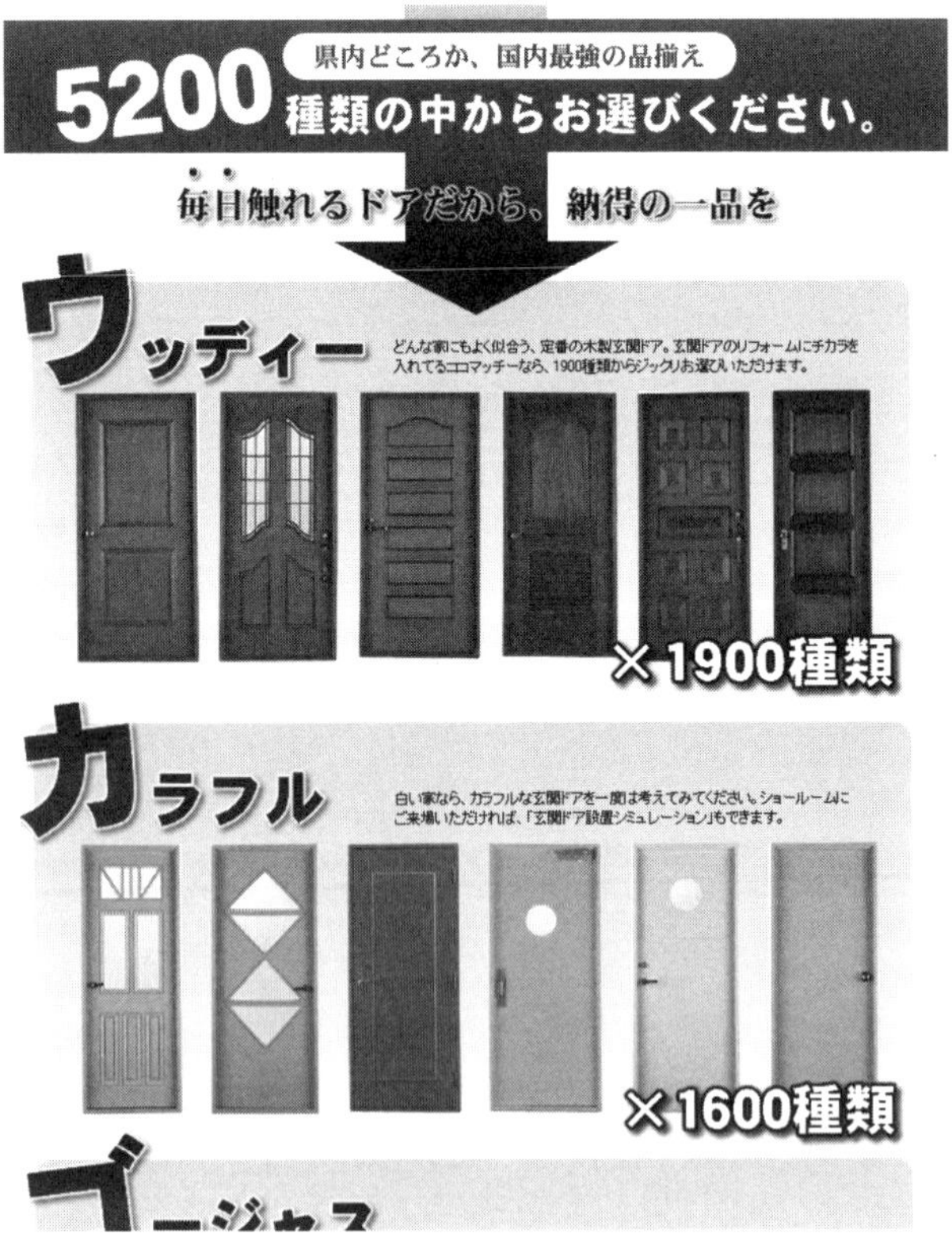
県内どころか、国内最強の品揃え
5200種類の中からお選びください。
毎日触れるドアだから、納得の一品を
ウッディー
どんな家にもよく似合う、定番の木製玄関ドア。玄関ドアのリフォームにチカラを入れてるココマッチーなら、1900種類からジックリお選びいただけます。
×1900種類
カラフル
白い家なら、カラフルな玄関ドアを一度は考えてみてください。ショールームにご来場いただければ、「玄関ドア設置シミュレーション」もできます。
×1600種類

リズム感のあるデザインなら、
縦長ページでも最後まで読んでもらえる。

④デザイン上枠や囲みからあえて画像や文字を「ハミ出す」ことで、視線が集まります。
⑤ビジュアルのトーンをいきなり「変化」させることで、意識が集まります。

自社で作るにしても、外部に依頼するにしても、この5つのポイントで流れを視覚化してください。

5．逃がさない

ランディングページ制作にあたっては、「1ページ完結」を厳守してください。

情報量の不足を補うために、メインのホームページへリンクしてはいけません。他社ホームページへリンクするなど、もっての他です。「プライバシーポリシー」や「特定商取引に関する記載」は、しょうがないにしても、このページに来た以上、「Yes or No」の二択を迫るのです。これが守れないなら、普通のホームページを作ったほうがいいでしょう。

その他、ホームページの改善策については、私の著書『ホームページをリニューアルしたいと思ったとき読む本』（あさ出版）の中でも、「9回裏の売上アップ術」として33個のポイントを解説しています。ぜひ、参考にしてください。

PART 7

まだまだ進化する LPO

全てが「条件」になる

ますます広がるLPOツール・ターゲティングの技術

この本で紹介した、「行動」、「キーワード」、「エリア」の3つは代表的なターゲティング技術です。

訪問者が、どんな商品を買ったことがあるのか、どんな検索キーワードで訪れたのか、どこに住んでいるのかといった情報を「条件」に、パーソナライズしたコンテンツを提供するというのが基本でしたね。

この3つすら、まだ広く認知されているわけではありませんし、LPOツールやターゲティング技術は発展途上ですから、これから先もさまざまな「条件」が機能として加わっていくでしょう。

PART5で紹介した、便利ツールを思い出してください。

最新のウェブマーケティングツールを利用すれば、訪問者に伺うことなく、「年齢」や「性別」を推測することができます。

住んでいる地域どころか、「企業名」や「企業規模」を知ることができます。「どこを見たのか?」、「どこまで読んだのか?」、「どの場所に長く滞在したのか?」だって、調べることができます。

そう。これらが、「条件」になる日も必ずやってくるのです。

購入ボタンのクリックまで至らなくても、同じジャンルの商品を何度も見ていれば、立派な見込み客といえます。企業規模が大きな会社と小さな会社では、勧めるサービスが違ってくるでしょう。**前回、一番長く見ていたコンテンツを次回訪問時に訴求できれば、素晴らしいおもてなしとなります。**

既存の条件も、よりパワーアップしていきます。

エリアがわかれば、天気情報と組み合わせて、「真夏日のエリア」、「快晴のエリア」等を条件にすることもできます。「これから3日間、雨が降り続くエリアの人」に、持ち帰りがかさばる日用品を売る。「今年、ゲリラ豪雨が3回以上あったエリア」の人に、土嚢《どのう》セットを訴求する。こんな販促も夢ではありません。

日本国内だけではなく、アメリカの州や中国の省（福建省や山東省等）によるエリアターゲティングを実現することも、技術的には何の問題もありません。携帯電話の位置情報サービスとの連動も、考えただけでワクワクしてきます。

全てが「条件」になる時代は、遠い未来のことではないのです。

IPv6時代のLPO

パーソナライズ化がますます進む？

IPv6（アイピーブイロク、Internet Protocol Version 6）とは、次世代のインターネットプロトコル（通信規約）のことです。

現在使われているインターネット接続時に割り当てられるIPv4というプロトコルでは、インターネット上の住所が足りなくなるといわれています。この規約では、IPアドレス（インターネット上の住所）が43億個しか存在しないため、これ以上利用者が増え続けると、割り当てる住所が底を尽きてしまうのです。

IPv6であれば、ほぼ無限大のIPアドレスが利用できるようになるので、パソコンや携帯電話だけではなく、ネットワーク化が進んでいる家電や自動車といったものにも、それぞれ「個別」のIPアドレスが割り当てられるようになります。

個別のIPアドレスが割り当てられるということは、Aさんにはこの広告を見せる、Bさんにはこっちの商品を見せるといった、**究極のパーソナライズ**も理論上は可能になります。国民総背番号制ならぬ、世界総背番号制のネット時代の到来です。

「Aさんは、よく車で箱根にドライブに行くから、箱根の旅館情報を表示させる」、「Bさんの冷蔵庫の牛乳が切れたみたいだから、携帯メールで注文を取る」なんていうことも、(プライバシーの問題はありますが)あり得ない話ではないのです。

ただし、実際は、そんなに単純な話ではありません。

IPv6は、私がISP(インターネットプロバイダ)で働いていた6~7年前には、すでに商用の実験サービスが始まっていたのですが、対応機器や技術的な問題で、完全な普及には、これからさらに数年はかかると予想されています。

中国を中心とするアジアのインターネット利用者が急増していることもあり、2012年までにIPアドレスが枯渇するという調査結果もありますから、早いところ手を打たなくてはいけないのですが、いかんせん足並みが揃わないようなのです。

いつ頃になるかはハッキリしませんが、IPv6はウェブマーケティングの世界にも大きな影響を与える、注目すべきテーマだということは覚えておいてください。

行動ターゲティングにひそむ罠

サービス提供会社、広告主、ユーザーにとって最適なサービスを目指す

行動ターゲティングはいいこと尽くし、稀代のマーケティング手法のように見えますが、気をつけなければいけない側面があることも認識しておいてください。

それは、行動ターゲティングにつきまとうプライバシーの問題です。

訪問者がとった行動によって、適切な広告やコンテンツを表示できるということは、裏を返せば「何をしたか？」がバレバレだということなのです。

ある日、銀座にショッピングに出かけ、オメガやブルガリ、フランクミューラーといった一流ブランドの時計店をブラブラしたとします。翌日、近所のスーパーに買い物に行くと、なぜか昨日見ていた時計のポスターが貼ってあるのです。積み上げられた480円の唐揚げ弁当の横に、200万円の時計のポスターが……。

リアルに考えると、ちょっと怖いですよね。でも、これが行動ターゲティング広告

なのです。あなたが高級時計店を巡ったことを知り、あなただけに向けたポスターが貼られたのです。

あなたは、この広告をどう捉えますか？

自宅で奥さんと同じパソコンを使っているAさんは、夜中にこっそり増毛や発毛サービスのホームページを見ていました。「どこに相談に行こうかな？」。

そして次の日、パソコンを触っていた奥さんは違和感を覚え、旦那さんに聞いてみました。

「最近いろんなホームページで増毛サービスの広告を見るんだけど、どうしてかな？」

ギク～ッ‼

ちょっと笑ってしまいますが、こんなケースがあっても決しておかしくありません。

業界もこうした問題を把握していて、プライバシーに配慮する指針を作り、運用しています。

楽天はドリコムの技術を用いた行動ターゲティング広告「楽天ａｄ４Ｕ」と、楽天の会員情報を利用した「楽天スーパーＤＢターゲティング広告」を展開していますが、「行動ターゲティング広告とその無効化について」というページの中で、ユーザー側で任意に無効化する（オプトアウト）ことができるようにしています。

また、2010年に入り、マイクロソフトや米Yahoo!も加盟する、プライバシーに関する団体によって、行動ターゲティング広告に共通のマークをつける動きも出てきました。これは、行動ターゲティングに対するユーザーの理解を促すのが目的です。

今後も、行動ターゲティングとプライバシーについてはさまざまな議論が交わされるでしょうが、ネット広告は双方向だからこそ価値があるのは事実です。インターネット全体の容量は無限大だとしても、ユーザー個々の利用時間、ホームページの閲覧スペースには限りがあるのですから、行動ターゲティングの意味は大きいといえます。

サービス提供会社、広告主、ユーザーの三者にとって最適な行動ターゲティングとは？

これは、決して忘れてはいけない視点なのです。

新たな価値はお客様の必要から生まれる

LPOの可能性はあなたの活用方法次第

「必要は発明の母」（Necessity is the Mother of Invention）という言葉があります。人々が何かに困ったとき、必要に迫られてモノが発明されるという意味ですね。

マーケティングの世界では、「マーケットイン」という用語がこれに近く、ユーザーが求めているモノを開発することを指します。市場調査でニーズを読み取り、「売れるものを売る」という考え方です。

経営や起業関連の書籍でも、この考え方がもてはやされています。「作れば売れる時代」は終わったのだから、顧客の声をしっかりと聞き、売れるものを作るのが正解だということなのでしょう。「これからは、お客様個々の声をより反映させるコンシューマーマーケインの時代だ」なんて記事を読んだこともあります。

しかし、「マーケットイン」至上主義では、進化は止まってしまいます。本当の意味での発明は減ってしまいます。「プロダクトアウト」、つまり**「発明」によって、新**

たな**「必要」が生まれ、新たな価値となることもある**のです。

SONYがウォークマンを発表した当初、販売店は見向きもしなかったことも、mixiがリリースされた当初、業界の目は冷ややかだったことも、それがプロダクトアウトだったことが理由の1つですが、結果はどうなったでしょうか。

ウォークマンは「音楽を持ち歩く」というコンセプトが評判となり、売り切れが続く大ヒット。携帯型カセットプレイヤーの代名詞となりました。

mixiは、「完全招待制のコミュニティ」(現在は登録制)という安心感から、今では会員数が1700万人を超え、日本を代表するSNSに成長しました。

「あれは、立派なマーケットインだ」と評論する方もいるでしょうが、それは後出しジャンケンというものです。

つまり、ツールも技術も、それだけでは何ら価値はなく、**「何のために、どう使うのか?」という提案やノウハウがユーザーに「認知」されてこそ、価値ある発明となる**ということです。mixiは、サービスが認知され始め、会員が10万人を超えるまでに7カ月もかかりました。

ＬＰＯツールやターゲティング技術というものも、「マーケットイン」ではなく「プロダクトアウト」、「必要は発明の母」ではなく「発明は必要の母」に近いのかもしれません。

少なくとも、私がウェブ業界に足を踏み入れてから、自社ＬＰＯツールをリリースする10年の間に、「川島さん、訪問者の都道府県によって、ホームページの中身を変えることってできる？」なんて要望を受けたことはありません。ＰＡＲＴ１で触れたように、ＬＰＯはまだまだ活用法が知れ渡っておらず、「存在すら知らない」、あるいは「便利そうだけど、なくてもよい」レベルなのでしょう。

しかし、この本で紹介した、ＬＰＯツールやターゲティング技術の活用法が広く知れ渡れば、星の数ほど存在する、売上の上がらないホームページを救うことができるはずです。今回、私がペンをとった理由もここにあります。

今では「ＬＰＯコンサルタント」を名乗り、日々、多くのクライアントから相談を受け、アドバイスするまでになりましたが、思いも寄らないＬＰＯツールの活用法はクライアントの「必要」から生まれることがあります。地域による電話番号の切り替えや、中国国内のエリアターゲティングは、その一例です。

「発明は必要の母」から生まれたLPOツールが、お客様の希望や悩みを解決しながら、日々価値を高めています。

「LPOツールをどのように使えば、自社の売上が上がるのか?」

せっかくの機会ですから、あなたも本気で考えてみてください。

LPOは
リアル店舗に
学びなさい

ヒントはあなたの周りにたくさんある

最後に、あなたに伝えたいことがあります。

それは、**「繁盛サイトになるヒントは、リアル店舗に学びなさい」**ということです。

同業のホームページを参考にするのもいいのですが、視点を変えた販促をするには、外から吸収するのが一番です。

先日、ちょっと高級な革靴を買ったとき、「シューキーパーがあると、靴が長持ちしますよ。そちらのクラスの靴なら用意してはいかがでしょうか？」といわれ、衝動買いしてしまいました。

何気ない一言ですが、「シューキーパーも一緒に買いませんか？」では、買わなかったはずです。この店員はたった一言で、シューキーパーが必要な理由を与え、高い靴を買った優越感をくすぐり、お客様に買ってもらうのではなく「用意」してもらったというわけです。

こうした店員の言葉1つからでも、いくらでも学ぶことができます。この本で紹介した渋谷109の店員さんの話、駅から遠いお花屋さんの話、街の小さなカレー屋さんの話だって実話なのですから。

街を歩けば、至るところに広告があります。ちょっとしたビルの隙間にも、弁当屋さんが出店しています。経営者やマーケッターが考えに考えた「答え」を、いくらでも見ることができるのです。

私の本やコラムを読んだ方から、「どうやったら、そんなネタが思いつくのですか？」と聞かれることがありますが、答えは3つあります。

リアル店舗で「いいな」と思った販促手法を、ホームページに落とし込んでいるというのが1つ。クライアントからの「必要」に応えて生まれるのが1つ。日々の実戦の中で、ふと脳内に落ちてくるのが1つ。

あなたも、「**繁盛の匂い**」を意識しながら街を歩いてみてください。買い物をしてみてください。街中には……生活の中には……、モノを売るための仕組みやノウハウが転がっていることに気づくはずです。

それをホームページで実現しようと思ったとき、あなたのホームページが繁盛するにはLPOやターゲティング技術が不可欠なのだと、心から思えるはずです。

そうそう。最後の最後に、もう1つ伝えたいことがありました。

「LPOで、楽しく繁盛しましょう！」

EPILOGUE

さらなる繁盛サイトを目指して

「EOZ 7Dの充電完了なう。天気がいいので、初撮りに行ってきます！」

佐藤大輔は、昨日購入したデジタル一眼レフカメラのことをTwitterで報告した。300名余りのフォロワーのうち数名が、すかさずRT（リツイート）する。

「デジイチ購入おめ。初撮り写真アップしてね。RT@SatoBig: EOZ 7Dの充電完了なう。」

「EOZ 7Dはいいカメラですよね！ どこでいくらで買いました？ 実は、私も狙ってるので（笑）RT@SatoBig: EOZ 7Dの充電完了なう。」

反応のよさにすっかり上機嫌になって、佐藤は玄関を出た。

その日、徒歩15分ほどのところにある自然公園での撮影を終えたのは夕方6時を回った頃だった。調子にのって撮りまくった700枚もの写真をパソコンに取り込みながらメールをチェックすると、昨日のカメラ屋からメールが届いていた。

「件名：佐藤大輔様、昨日はEOZ 7Dをお買い求めいただきありがとうございました。」

会員登録で残したメールアドレス宛てのメールには、丁重なお礼とともに2つのお知らせが書いてあった。
●デジタル一眼をもっと使いこなす！　写真教室「フォトるん」のご案内
●【金利手数料0円】EOZ 7D購入者限定　憧れのLレンズ購入キャンペーン
「えっ？　あのレンズが月々4000円で買えるの？」

佐藤大輔は、すかさずキャンペーンページのURLをクリックした。


コンバージョン（購入や資料請求等）は多くのホームページにとって目的であり、訪問者にとってゴールとなりますが、それで終わりというわけではありません。見込み客から既存客になっていただいた瞬間から、今度はお得意様になっていただくための施策をスタートするのが、さらなる繁盛の秘訣です。

このカメラ屋は、佐藤大輔宛てにメールを送りました。写真教室によるCS（顧客満足度）アップと購入者限定キャンペーンによるクロスセルを狙って。数日後、彼のメールボックスには、カメラ屋の公式メールマガジンが届くことでしょう。

流行りのTwitterを使うもよし。商品紹介や店長のインタビュー動画をYouTube（ユーチューブ）で流したり、バーゲンセールの模様をUstream（ユーストリーム）で生中継してもいいでしょう。今さら感漂うメルマガだって、上手に活用してる企業はゴロゴロあります。ただし、コンバージョンアップの決定打は、販促のベース基地となる「ホームページそのもの」にあるということは忘れないでください。

この本で紹介した「LPO×ターゲティング」で繁盛サイトがじゃんじゃん増えることを心より願っています。


「件名：【Lレンズ購入キャンペーン】佐藤大輔様、ご注文ありがとうございました。」

あとがき

２００９年７月。同文舘出版の出版会議合宿が京都で開催されました。私は、渋谷の小さなオフィスで夜が明けるのを待ち、始発の新幹線で西へと向かいました。

「自分のこだわりをもっと出して！」「書きたいことだけでは駄目。読者目線が抜けている！」。企画のプレゼンとアドバイスが繰り返される熱い時間が流れ、夜遅くに私の番が回ってきました。そこでプレゼンした私の企画書では、この本のタイトルはこうなっていました。

『繁盛サイトは「おもてなし」で10倍稼ぐ！

ウェブマーケティングの新・成功法則は、「集客」ではなく「接客」です。』

しかし、この会議のオブザーバーである経営コンサルティングアソシエーション宮内亨氏から、こんな一言をいただいたのです。

「おもてなしって何だ？　なぜ、ＬＰＯと書かないんだ？　ＬＰＯの本なら、ＬＰＯとぶつけろ！」

そう。独立後、「ＬＰＯコンサルタント」を名乗り、出版を通してＬＰＯを多くの人に知ってもらいたいという思いで書き上げた企画なのに、言葉の認知度やタイトルとしての面白さばかり気にしていた自分がいたのです。

「ガツン！」ときました。

そして、その瞬間から迷いはなくなりました。ＬＰＯツールなら「ココマッチＬＰＯ」。ＬＰＯなら川島康平。こう呼ばれる日を目指すことを決意したのです。

◎

読者の皆様。読了後、どんな感想を持ちましたか？「ＬＰＯ×ターゲティング」によるコンバージョンアップに少しでも興味を持ったなら、今すぐ行動に移してください。ウェブマーケティングって、やってみてはじめてわかることばかりなんです。

まずスタートし、本質を肌身で感じてください。そして継続してください。すると、ブレークスルーのポイントがやってきます。面白いくらいに突然に……しかも１００％の確率で、その「変わり目」はやってきます。成功の鍵は、究極のところ「根性」に尽きるのです。

弊社ココマッチーのクライアントの皆様。「繁盛サイトをじゃんじゃん生み出すウェブ屋さん」というキャッチフレーズに嘘偽りのないよう、より充実したサービスを展開していきますので、今後ともどうぞよろしくお願いいたします。

日頃から、何かとお世話になっている同文舘出版のビジネス書編集部の皆様。特に、この本を担当していただき、最後まで貴重な意見をいただいた戸井田歩様、本当にありがとうございます。「あとがき」を書いている今日の時点で、ＬＰＯをタイトルに掲げたビジネス書はまだ世にありません。専門書は数冊ありますが、ＬＰＯツールやターゲティングの活用方法についてこれだけ言及したものは皆無です。流行りのTwitter本でも出せば売上予測も立ったはずなのに、リスクを承知で日本初となるＬＰＯビジネス書を書かせていただいた私は幸せ者です。「もう一声！」という赤入れの連打は辛かったですが……。

妻に、娘の莉子。独立後、何かと心配と苦労をかけていますが、いつも協力ありがとう。まだしばらく迷惑かけるでしょうが、今は無理する時期だと……覚悟を決めてしまいました。許してください。

最後に、ＬＰＯツールの楽しさを私に教えてくださった海野雄史様に心よりお礼申し上げます。

小雨の音が聞こえる渋谷のオフィスにて

株式会社ココマッチー代表取締役、ＬＰＯコンサルタント　川島康平

【著者略歴】
川島康平（かわしま　こうへい）
株式会社ココマッチー 代表取締役、LPO コンサルタント
1974 年生まれ。明治学院大学経済学部卒業後、株式会社朝日ネットに入社。テクニカルサポート、Web サポート部の部門長を歴任。
退職後、Web ディレクター、Web デザイナーとしてベンチャー企業 2 社で修行を積みながら 2 冊の著書を出版。Web 専門誌でコラムを執筆する等、独自の Web マーケティング理論はメディアからも注目を集める。
2009 年 3 月独立。株式会社ココマッチー設立。Web サイト制作、コンサルティング、ASP 型サービスを中心に事業を展開。2009 年 5 月、業界最安値の高機能 LPO ツール「ココマッチ LPO」をリリース。
2012 年にはリスティング広告の運用広告費が 1 億円を超え、神田昌典氏との対談や同氏主催セミナーでの講演、週刊ダイヤモンドの特集に取り上げられる等、Web という範疇を超えた幅広いビジネスモデルやマーケティングの知識に定評がある。
著書に『ホームページをリニューアルしたいと思ったとき読む本』（あさ出版）、『お客をつかむウェブ心理学』（同文舘出版）、『1000 人のマーケットで 1 億稼ぐ!』（すばる舎）、『ウェブ・デザイナーが独立して年収 1000 万円稼ぐ法』（同文舘出版）。「webcreators」、「販促会議」、「ビジネスリスクマネジメント」等、コラム多数。

【連絡先】
株式会社ココマッチー
〒 150-0002　東京都渋谷区渋谷 1-8-7 第 27SY ビル 2 階
TEL：03-6418-2488　FAX：03-6418-2489
URL：http://www.cocomatch.co.jp/
MAIL：info@cocomatch.co.jp

あの繁盛サイトも「LPO」で稼いでる！
LPO×ターゲティングで購入ボタンを10倍クリックさせるすごい仕掛け

平成22年6月30日　初版発行
平成26年9月16日　3刷発行

著　　者 ――――― 川島康平
発 行 者 ――――― 中島治久
発 行 所 ――――― 同文舘出版株式会社
東京都千代田区神田神保町1-41　〒101-0051
営業(03)3294-1801　編集(03)3294-1802
振替00100-8-42935　http://www.dobunkan.co.jp

ISBN978-4-495-58921-9
印刷／製本：三美印刷
Printed in Japan 2010